KB252553

핀란드에서 배우는
행복한 아이 키우기

FINLAND NO KOSODATE TO HOIKU

핀란드에서 배우는

행복한
아이 키우기

후지이 니에메라 미도리·타카하시 무츠코 외
(사)전국사립호이쿠엔연맹 보육국제교류운영위원회 편

박찬영·김영희 옮김

아침이슬

핀란드 주변 지도
70°
65°
60°
노르웨이
러시아
로바니에미
오울루
스웨덴
핀란드
쿠오피오
아위베스퀼레
탐페레
라히티
나안탈리
반타
투르쿠
올란드 제도
에스포
헬싱키
스톡홀름
탈린
에스토니아
러시아

차례

핀란드에서 무엇을 배울까

전국사립호이쿠엔연맹 보육국제교류운영위원회에서는 '아이의 생명력—의욕이 자라는 보육 현장의 실천을 찾아서'라는 주제로 2006년 가을에 핀란드 보육 체험연수를 실시했습니다.

인구 약 527만 명인 나라 핀란드가 세계적으로 주목을 받게 된 것은 OECD가 주관하는 2003년 국제학업성취도평가(PISA)에서 핀란드가 문해력과 과학적 이해력에서 1위, 종합성적에서도 1위를 차지해 세계를 떠들썩하게 만들었기 때문입니다. 이와는 대조적으로 일본의 학력은 세계 정상에서 추락했다고 보도되었습니다. 당황한 문부과학성 장관은 경쟁을 강화할 것을 표명하고, 이른바 '여유교육'을 개정하며, 학습지도요령을 재검토하기에 이르렀던 과정이 아직도 기억에 생생합니다.

그러나 이 국제평가가 측정하려고 한 것은 과거의 '학력'이 아니라 앞으로의 시대가 요구하는 지식과 능력입니다. 그 방법을 찾으려 기를 쓰는 교육 관계자와는 분명히 선을 그어, 우리들은 핀란드 아이들의 학력을 지탱해 주는 취학전 대처를 읽고자 합니다.

핀란드의 패이배코티와 교류실습을 하면서 제일 인상에 남은 것은 이름이 불린 몇몇 아이들이 '자기 이야기'를 하는 시간이었습니다. 어제 있었던 일이나 가족 이야기, 가장 기뻤던 일이나 슬펐던 일에 대해 30분 정도 조용하게 이야기합니다. 거기서 보육자는 아이들이 자기 의견을 말하면 "왜 그렇게 생각했니?"라고 묻고, 아이들이 감상을 말하면 "왜 그런 느낌이 들었어?"라고 되묻습니다.

그것은 마치 선문답에서 자신의 모습을 있는 그대로 보여 주는 자기 개시(自己開示)를 하고 있는 것 같은 느낌입니다. "미쿠시(왜)?"라는 말은 핀란드의 보육과 교육 분야에서 가장 중요한 키워드라는 생각이 들었습니다.

핀란드로부터 무엇을 배울 것인가―나는 질서 있는 사회를 지탱하기 위한 '안심'과 '평등'이라는 말에 집약되어 있다고 생각합니다. 두 낱말은 이 책 속에 반복해서 등장합니다. 이 나라 사람들은 오늘날까지 '협력(collaboration)'과 '보편주의(universalism)'를 중시해 왔습니다. 협력과 보편주의를 끝없이 추구한 결과로 얻게 된 안심과 평등이라는 두 개념은 앞으로의 보육과 교육에서 요구될 좌표축이라고 생각합니다.

거기에 그려진 새로운 벡터(vector)의 출발점은 '모른다는 것을 깨닫는 것'입니다. 모르는 것에 대해 열등감에 사로잡히는 것이 아니라 모르기 때문에 진지하게 마주보는 것이 보육자와 교육자의 역할입니다. 보육과 교육 현장에서의 참된 평등의 실현이 새로운 시대의 학력을 기릅니다. 반복하고 또 반복하고, 천천히 또 천천히. 시간을 들이면 가능하다는 안심감을 아이들에게 계속 심어 주는 것이 우리들의 사명입니다.

이 책이 핀란드의 육아와 보육에 대해 더욱 관심을 높이고, 우리들이 직면한 문제에 대해 대증요법이 아니라 본질적인 대처방법을 찾게 해 주는 계기가 되기를 진심으로 바랍니다.

2007년 6월

(사)전국사립호이쿠엔연맹 보육국제교류운영위원회

핀란드 보육체험연수단장 히시카와 히로아키

1 핀란드에서 아이를 낳고 길러 보니

—후지이 니에메라 미도리(핀란드 탐페레 시 거주)

만약 아이를 한 명 더 낳는다면……

얼마 전 핀란드에 사는 일본인 친구가 집에 왔다. 유모차에 7개월 된 아기를 태우고 …….

"귀여워라! 우리 아이들도 이렇게 작았었나? 좋다~." 곧바로 친구가 싱긋 웃으며 한마디 했다.

"한 명 더 낳으면 어때, 셋째?"

누구나 남의 일이라고 이런 말을 쉽게 한다. 여러 사정도 있기 때문에 그렇게 간단하게 아이를 낳을 수는 없지만, 문득 머리를 스치는 것은 "만약 아이를 한 명 더 낳는다면?" 하는 상상.

프리랜서로 바쁘게 살아가는 우리 부부가, 그리고 핀란드에서 복지 혜택을 충분히 받은 우리 가족이 만약 지금부터 일본에 가서 세 번째 아이를 출산하게 된다면—출산, 육아, 입학, 학원, 시험, 대학……. 세 아이에 드는 비용 문제 등이 머리를 스치며, 벌써 부부싸움을 하고 있는 그림이 떠올랐다.

그런 상상을 하다가 반사적으로 현실로 돌아와 핀란드에서 이대로 살면 확실히 셋째도 무리가 없지 않을까 하는 생각도 들었다. 실제 출산할지 여부와는 별개로 이런 생각을 자주 한다.

나는 일본에서 태어나고 일본에서 자란 일본인이다. 일본을 대단히 좋아하고 매년 일본을 찾는 것도 기다려진다. 부모님과 동생 가족과 가까이서 살면 얼마나 좋을까 하는 생각도 한다. 그러나 핀란드는 살기 좋고 편안하며, 더욱이 고국인 일본보다 육아 환경이 매력적이어서 어느 덧 핀란드에서 7년을 살았고, 앞으로도 계속 살 결심을 한다.

그러면, 핀란드에서의 육아는 실제로 어떤지 지금까지의 내 육아 체험을 바탕으로 소개하고자 한다.

타이토　히로시마 출생. 일곱 살. 생후 6개월에 핀란드로 이주. 근처 공립 기초학교(초등학교)에 다니는 1학년. 일본어도 공부 중. 음식 알레르기가 있다.

에이노　탐페레 출생. 엄마 뱃속에 있을 때부터 계속 탐페레에서 컸다. 페이배코티에 다니는 3세 아이. 사랑하는 차는 유모차.

남편, 페트리 니에메라　라하티 출생. 일본에 10년 이상 거주하며 일본어를 자유자재로 구사하는 핀란드인. 가사, 육아도 척척 잘하는 남편.

나　히로시마 출생. 일본인. 대학에서 알게 된 핀란드인과 결혼해, 2000년에 탐페레로 이주. 타이토의 기초학교 일본어반 교사.

1. 임신·출산·아기와의 생활

건강 종합 상담소 네우볼라

핀란드로 이주한 것은 정확히 7년 전, 타이토가 생후 6개월 때였다.

일본에 있을 때 타이토는 알레르기 때문에 피부 증상이 아주 심했다. 처음 겪는 일이라 아무것도 모르는 우리는 장님 손으로 더듬듯 정보를 모으고 병원에도 뻔질나게 드나들었다. 의사가 추천하는 저알레르겐 분유를 마시게 한다든지 약을 바른다든지 아무튼 좋다고 하는 것은 다 해보았다. 그러나 모든 것이 허사였다. 노력한 보람도 없이 증상은 악화될 뿐이었다. 병원을 옮겨야 되지 않을까 하는 생각도 들었지만, 구체적으로 어느 병원에 가야 할지 알 수도 없어 어찌 할 바를 몰랐다.

일본에는 수많은 병원이 있고 병원마다 문을 열고 환자를 기다리고 있다. 그러나 실제 문을 두드려야 하는 것은 환자 자신이다. 환자에게 자신의 증상에 정통한 좋은 병원을 찾아내는 선택 능력을 요구한다. 그

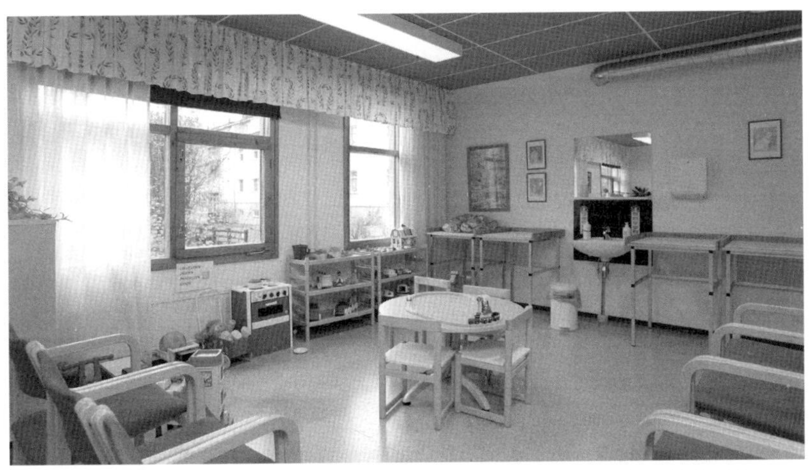

네우볼라 안의 아이들 놀이터 겸 로비. 밝은 무늬의 커튼을 달고 장난감도 놓아두어 따뜻한 분위기.

러나 때로는 그것이 간단한 일이 아니다.

핀란드로 이사를 가게 된 것은 육아 방식이나 타이토의 장래에 한창 불안을 느끼던 바로 그 무렵이었다.

아기와 엄마의 몸과 마음을 보살핀다

핀란드에 도착하자마자 타이토를 데리고 간 곳이 집 근처에 있는 네우볼라. 네우볼라는 몸과 마음의 건강을 돌보는 상담소로서 거주지구마다 있다. 엄마 뱃속에서 나와서부터 취학할 때까지 여기서 정기적으로 아이의 성장을 관찰하고, 의사에 의한 정기검진, 예방접종, 치과 검진, 육아에 대한 고민 상담도 시간을 넉넉하게 잡아서 무료로 제공한다. 일본으로 치자면 보건센터 같은 곳이라고 남편이 설명을 해줘 그런 곳이라고 상상은 했지만 막상 네우볼라에 와 보니 생각했던 것과는 전혀 달랐다.

일반 가정집과 같이 귀여운 목조 외관으로, 현관을 열면 눈앞에 펼쳐

아이의 발달을 파악하는 완구나 시력검사표.

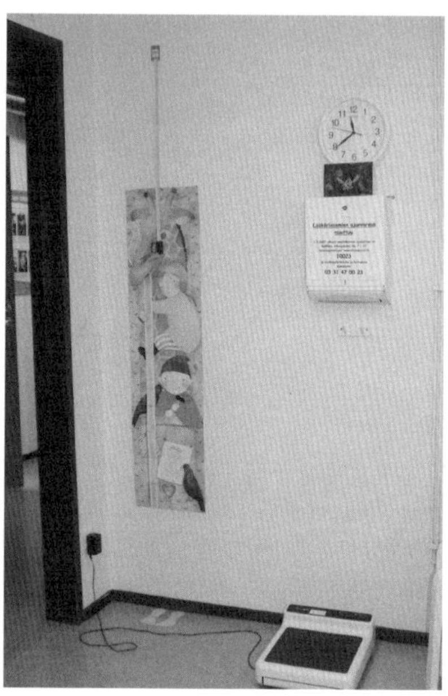

신체검사 코너. 신장계와 체중계.

검진을 실시하는 방. 장난감이 책장에 놓여 있고 아이 그림이 많이 붙어 있다.

지는 열린 공간의 놀이터 겸 로비. 그러나 그곳에 있는 것은 정기검진을 받으러 함께 온 부모와 아이들 뿐. 보건간호사 한 명이 부모와 아이들을 친절하게 맞이하고 악수로 인사를 나눈 뒤 안방으로 들어갔다. 잠시 동안 타이토를 놀게 하자 타이토의 담당이 된 다른 보건간호사가 웃는 얼굴로 다가왔고 우리들은 그녀의 방 한가운데로 들어갔다.

방은 의외로 넓고 편안했다. 딱딱한 이미지의 병원 진료실과 달리 책상과 의자는 따뜻한 느낌을 주는 디자인으로 되어 있었다. 커다란 창에 산뜻한 커튼, 많은 나무 장난감, 아이들이 그린 그림들. 편안한 느낌을 주는 공간이었다. 정해진 40분 동안 평온하고 느긋하게 시간을 보냈다.

그때까지 검진이라고 하면 일본의 '몇 개월 집단검진'을 떠올렸던 나였기에 그 차이에 당황했다. 시간이 꽤 흘렀기에 건강검진을 하러 왔다는 것을 잠시 잊고, 부모인 우리들이 무엇인가 고민 상담이나 카운슬링을 받으러 왔다는 착각이 들었다. 그러나 지금 생각하면 그것도 네우볼라가 의도한 것이다. 마음을 보살피는 것도 상담소 네우볼라의 역할이기 때문이다.

오래 살아 정든 땅이 있고, 친구도 있고, 병원에 가면 진찰도 받을 수 있지만 왠지 일본에서는 육아에 따르는 고립감을 느꼈다. 핀란드에서는 지역사회가 우리들의 육아에 크게 다가왔다는 느낌을 받았다. 임신·출산을 이 나라에서 체험하면 어떨까, 문득 그런 생각을 했다.

병원·패이배코티·학교가 연결된 네트워크

이날 검진에서는 소아과의사의 진찰도 받았다. 타이토의 알레르기 상태를 파악한 의사는 바로 전문 의료기관에서 검진을 받을 수 있도록 예약을 해 주었다. 아이의 자료는 네우볼라에서 온라인으로 병원에 보냈다. 우리는 지정된 병원으로 가기만 하면 되었다.

이렇게 네우볼라의 중개로 핀란드에서 병원 다니기는 시작되었다. 진료기록 카드와 성장을 나타내는 관찰기록은 우리의 승낙을 얻어 네우볼라와 병원 양쪽을 오갔다. 그 후 네우볼라의 정기검진에서 타이토의 상황을 일일이 말하지 않아도 보건간호사는 지난번과 비교해 호전 여부나 증상의 상태를 대강 파악하고, 경과 관찰이나 평소의 보살핌, 식사에 대한 조언을 해 주었다.

또한 얼마 뒤 월 150유로의 특별육아수당 지급과 우유값 일부 보조 결정도 받았다. 알레르기 관리로 전문외래 진찰료, 특별우유 구입, 식재료 조달이나 스킨케어 비용이 늘었다. 병원과 네우볼라는 수당 신청을 권유했고 우리는 바로 신청했다.

네우볼라의 상담·진찰을 계기로 필요한 의료 서비스나 사회보장, 육아에 관한 여러 가지 정보를 힘들이지 않고 입수하여 우리는 훨씬 홀가분하게 알레르기에 대해 조치할 수 있었다.

이와 같은 네우볼라와 다른 기관과의 제휴는 의료기관에만 머물지 않는다. 패이배코티와 연결된 것도 그 한 가지다. 만약 아이의 발달에 뭔가 문제가 발견되면 양쪽이 연락을 취해 이후의 지원 방식을 결정한다. 예를 들면 언어 발달 지체를 패이배코티가 먼저 발견한 경우 연락을 받은 네우볼라는 진찰을 하고 필요에 따라 언어치료 등 지원을 받을 수 있도록 조처한다.

또한 출생부터 취학 시기까지 한 사람 한 사람의 성장에 관한 네우볼라의 방대한 정보와 기록은 기초학교 입학과 동시에 교내 보건센터에 보내져, 계속해서 몸과 마음을 보살핀다.

기다렸던 핀란드에서의 출산

응애!

'출산을 이 나라에서 체험하면 어떨까'하고 생각한 지 3년이 지난 2003년 가을, 탐페레 대학병원에서 둘째 아이 에이노가 태어났다.

둘째라는 점도 있었지만 첫 해외 임신·출산치고는 마음이 아주 편안했기 때문에 이곳의 시스템에 몸을 맡기려고 생각했다.

임신이 확정됨과 동시에 나는 임산부로서 네우볼라를 다니기 시작했다. 일본에서 매번 지불했던 건강검진 비용은 여기서는 필요 없었다. 마치 '출산행' 레일 위를 달리고 있는 것처럼 임신에 관한 여러 가지 일들이 네우볼라를 통해 진행되었고 여러 가지 정보도 편하게 입수할 수 있었다.

임신 후기에 들어서자 출산을 맞이하는 모든 여성에게 보내는 어머니 지원 세트(육아 팩)가 우리 집에 도착했다. 유아용 간이침대로도 쓸 수 있는 큰 상자 속에 이불에서부터 아이 옷, 젖병이나 손톱깎이에 이르기까지 무게는 8kg, 금액으로 환산하면 3만 엔 정도의 육아 용품이 빽빽이 들어 있었다. 아주 기뻤다. 직접 말한 것은 아니었지만, "당신의 아이의 탄생을 우리 사회가 기다리고 있습니다"라고 말을 건네고 있는 것처럼……

이렇게 맞이한 출산. 그때까지의 진료기록 카드는 온라인을 통해서 네우볼라에서 병원으로 전달되었다. 나는 지정된 대학병원으로 가기만 하면 되었다.

국민연금청(KELA)의 육아 팩.
Annika Söderblom ⓒKela

일본과 핀란드에서의 출산 체험

핀란드에서는 좋은 출산을 하기 위해서 어머니의 의향이 우선된다. 사전에 네우볼라에서 한 희망조사에는 무통분만이나 수중분만 등 여러 가지 선택사항이 목록에 들어 있었다. 보건간호사는 특히 핀란드에서 일반화되어 있는 무통분만을 추천했다. 그러나 일본 여성의 강인함을 보여 준답시고 '출산은 원래 아픔이 따르는 것'이라고 호기를 부리며 단호히 뿌리친 나에게 그것들은 아무런 관계가 없는 것이 되어 버렸다.

그런데 중요한 출산 현장에서는 여러 가지 면에서 타이토의 출산 때와 상황이 많이 달랐다. 그중 몇 가지를 나열해 보면—

- 분만실에서 격려의 말을 건네고 마사지를 해 주는 것은 오로지 남편의 역할. 스태프는 분만작업과 호흡법 지시에 철저했다.
- 분만 후에 바로 스스로 분만실에 인접한 샤워실로 이동. 별로 들어가고 싶지 않았지만 스태프가 시키는 대로 따랐다. 남편에게 의지하면서 몸을 깨끗하게 씻었다.
- 분만 후 분만실에서 커피 타임. 아이를 옆에 두고 남편과 둘이서 병원에서 준비한 샌드위치와 커피 한 잔.
- 분만실에서 다른 병동의 병실까지 걸어서 이동. 휠체어가 나올 것으로 예상했다가 마중 나온 간호사가 "자, 갑시다!" 하고 힘차게 말하자, 힘없이 웃을 수밖에 없었다.
- 모자실. 피곤할 때는 간호사가 있는 신생아실로 아이를 맡길 수 있다. 혼잡할 때는 신생아가 들어 있는 침대가 무작위로 있다. 꽤 개방적인 신생아실을 보자 신뢰해도 괜찮은지 불안한 마음이 스친다.
- 식사는 알레르기나 기타 질환에 대응. 기호를 고려해서 넣어 준다.

- 자율모유를 추천. 모유가 부족할 때는 모유은행에서 제공된 다른 모유로 보충한다. 아이에게 젖을 먹여야 한다는 생각이 떨쳐 일어난다.
- 면회시간도 길고 면회자도 꽤 많았다. 면회자와 함께 이동형 침대에 있는 신생아들이 복도를 왕래하고 있다. 병원균 감염 대책도 꽤 느긋하다.

일본과 핀란드 양국에서 아이를 출산했던 나는 사람들에게 "어느 나라가 좋았나요?"라는 질문을 자주 받는다. 그러나 이는 대답하기 아주 어려운 질문이다. 두 나라의 출산 문화는 차이가 매우 컸기 때문이다. 두 나라는 서로 다른 장점이 있었고, 두 곳에서 모두 나는 쾌적하게 출산한 사실에 기뻤다.

그런데 임신에서 출산까지 든 비용은 4일간 병원 입원비 104유로가 전부다. 종합적으로 말해서 아주 만족스러운 출산이었다. 후회되는 것은 단 한 가지였다. 출산의 고통을 완전히 잊고 있었던 나……. 진통 마지막에 너무 아파서 '아, 안 아프게 해 주세요'라고 말했지만 이미 늦었다고 거절당한 것이다. 마취가스라도 일찍 마셔 두어야 했는데 그렇지 못했다.

추운 겨울에도 매일 산책하고 밖에서 논다

할라리를 걸치고 눈으로 뛰어가는 아이들

12월, 바깥은 온통 은세계다. 기온도 가볍게 영하 10도 이하로 내려간다. 핀란드의 집은 중앙난방이어서 거실은 물론 복도, 현관, 화장실도 따뜻하고 일본의 고향집보다 훨씬 쾌적하다. 겨울의 핀란드식 육아는

영하의 날씨에도 아이들은 눈놀이가 즐겁다.

따뜻한 실내에서?라고 생각했는데 마치 기다리고 있었다는 듯 눈 속으로 아이들은 날아갔다. 할라리라고 부르는 방한·방풍복으로 몸을 감싸고 귀까지 덮을 정도로 모자를 눌러쓴다. 양말 위에 털양말, 그 위에 겨울용 신발을 신고 장갑을 끼면 이제 준비 끝. 마음껏 썰매놀이, 눈싸움, 스키, 스케이트, 무엇이든 할 수 있다.

히로시마에서 태어난 나는 그때까지 눈밭에서 논 적이 없었지만 눈에 대한 집착도 그다지 없었다. 그러나 여기 온 뒤부터 나는 아이들 마냥 가만히 있을 수 없었다. 다른 핀란드 어른들처럼 아이와 함께 즐긴다기보다는 아직 어린 타이토를 반 강제적으로 데리고 가서 처음으로 썰매타기에 여념이 없었다.

유모차에 탄 채 밖에서 낮잠

핀란드에서의 첫 번째 겨울에 한 살을 맞이한 첫째 타이토는 썰매놀이보다 유모차 생활을 즐기고 있었다.

작은 아기가 겨울을 어떻게 보냈을까 의문이 들 수 있겠지만 실은 여름과 그다지 차이가 없다. 다른 점은 방한 대책뿐이다. 온몸을 방한복으로 감싸면 어디든 갈 수 있다. 아니, 나가지 않으면 안 되는 것이다.

여기 핀란드에서는 겨울에도 아기를 유모차에 태워 적극적으로 바깥에 데리고 나간다. 외기욕을 위해, 그리고 햇빛을 쐬기 위해서 유모차 나들이를 빠뜨릴 수 없다. 다 아는 것처럼 북유럽의 여름은 대단히 짧은데다가 긴 겨울 동안은 일조시간도 짧아 햇빛은 귀중하다. 비타민D를

섭취하면서 어른도 의식적으로 빛
을 찾아서 밖으로 나간다.

　그러므로 겨울철에도 유모차는
대활약을 한다. 특히 한낮에는 산책
을 빠뜨릴 수 없다. 싸늘한 맑은 공
기가 기분 좋은지 아이는 잘 잔다.

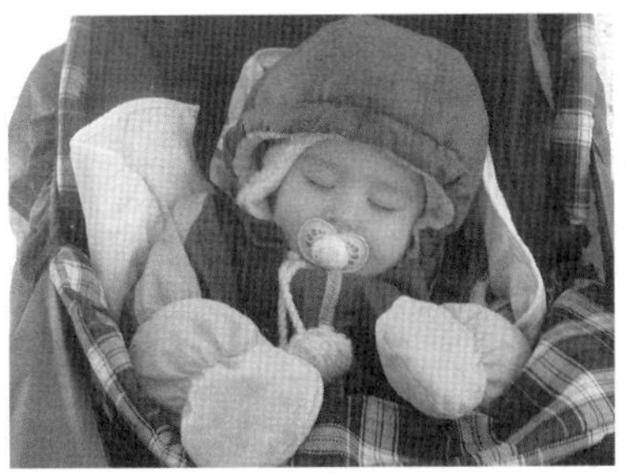

겨울 산책, 유모차 속에서 그대로 낮잠을 잔다.

일반적으로 산책하다가 아기가 잠들면 집으로 돌아와 아기가 눈뜰 때
까지 잠시 동안은 유모차를 뜰이나 현관에 내놓는다.

　이 광경을 처음 보았을 때, 나는 '어? 잠깐만요' 하고 마음속으로 외
쳤다. 하지만 주위를 보면 누구나 그렇게 하고 있다. 네우볼라의 보건간
호사도 장려한다. 게다가 아기가 집 안의 침대 이상으로 푹 잘 자기 때
문에 나는 선선히 이 핀란드식을 받아들였다. 이런 것이 가능한 것은 무
엇보다도 이 나라가 안전하기 때문이 아닐까.

눈 녹는 봄에도 놀이는 계속된다

핀란드에는 봄이 좀처럼 오지 않는다고 한숨 쉬던 3월, 내 주위의 핀란
드 사람은 봄이 왔다고 활기차게 이야기한다. 추운 정도는 달라도 이곳
사람들에게도 일본과 같은 시기에 봄이 시작되는 듯하다.

　본격적으로 눈이 녹아내리는 3월말부터 4월에 걸쳐 바깥에서 노는
아이들의 옷차림에도 변화가 생긴다. 할라리 위에 쿠라할라리라는 방
수 고무바지를 걸치고 장갑 위에도 고무장갑을 끼고 장화를 신는다. 우
리 아이도 이제는 잘 걸어서 바깥놀이를 시작했다. 자아가 막 생겨난 아
이에게 이 옷을 모두 입히려면 정말 힘이 든다. 드디어 다 입히고 아이
가 힘차게 밖으로 뛰어나갈 무렵에는 나도 남편도 힘이 쏙 빠진다.

이렇게 여기서는 아주 추운 겨울에도, 땅이 녹아 질척거리는 봄에도, 그리고 가을에도 바깥놀이는 끝나지 않는다.

유모차만 있으면 만사 오케이

유모차를 밀고 버스 타면 모두 무료

일본에 돌아온 뒤 거꾸로 문화충격을 받은 일은 무엇보다도 아이를 데리고 다닐 때 겪는 어려움이다. 특히 유모차로 시내버스나 지하철을 탈 때면 승차 중에 잠시라도 긴장을 늦출 수 없다. '미안합니다. 조금 비좁아서……. 아이쿠, 부딪혔다. 역시 집에 두고 올 걸 그랬나.' 아이를 안은 채 유모차를 접었다 폈다 하면 추운 겨울이라도 땀이 난다. 내릴 때에는 피로감이 왈칵 밀려온다.

여기 탐페레 시에서는 버스에 탈 때 유모차에 타고 있는 아이는 물론 유모차를 밀고 있는 어른도 무료다. 일반 승객은 앞문에서 요금을 지불하고 타지만 유모차를 밀고 타면 넓은 뒷문에 그대로 탄다. 문 바로 안쪽에는 유모차 두 대가 들어갈 정도로 넓은 공간이 마련되어 있어서 유모차를 접거나 할 필요도 없고 주위 사람들에게 불편을 끼칠 일도 없다. 타고 내릴 때에는 버스 출입구 바닥이 경사 차이가 작게 비스듬히 설계되어 있어서 유모차용 멈춤 버튼으로 운전사에게 알리면 편안하게 내리고 목적지에 도착할 수 있다. 아이가 차내에서 시끄럽게 하는 경우도 적지 않지만, 타고 내리기가 쉽고 요금도 무료여서 아이를 데리고도 주저하지 않고 버스를 이용해 외출할 수 있다. 여하튼 아이가 떠들면 바로 내린 뒤 다음 버스를 타면 되기 때문이다.

버스 바닥이 기울어져 타고 내리기가 쉽다.

페트리와 에이노의 가을날의 산책. 탐페레에서는 아빠가 유모차를 미는 모습이 일상적인 풍경이다.

유모차에 친절한 사회

일전에 우리 집을 찾은 친구가 탐페레 시의 버스를 처음 탔다. 그 뒤 약간 흥분한 기분으로 그때의 느낌을 내게 전했다. 그녀가 차를 타려고 했을 때 버스는 대단히 혼잡했고 유모차용 공간도 없는 상태였다. 타지 말까 생각이 들었는데 순간 어디선가 "여러분, 유모차가 들어오니 자리를 만들어 주세요"라고 말하는 목소리가 들렸다. 그러자 동시에 모두가 자리를 피하며 유모차가 들어올 공간을 만들어 주었다고 한다.

이런 사회에서는 유모차가 있어서 힘들다는 생각이 아니라 오히려 '아, 유모차를 끌고 있는 동안은 편하구나'라는 생각이 든다. 문득 옆을 보면 확실히 4~5세는 된 아이가 머리를 숙여 불편하게 유모차에 들어가 있는 일도 자주 본다. 그것도 여기서는 이해될 수 있는 광경이다.

그러고 보면 우리 에이노도 세 살 반이다. 아직도 유모차를 애용하고 있다. 이제 그만둘 때가 되지 않았나 생각하지만 그래도 요즈음은 그게 더 편하다고 생각이 든다.

　아내가 임신 중에 내가 할 수 있는 것은 일상생활에서 돕는 것과 정신적 지원뿐이었습니다. 임신이 힘들다는 것은 충분히 이해하고 있었기 때문에 쇼핑이나 청소, 설거지 등 집안일을 내가 담당했습니다.

　핀란드 남자는 처음부터 아이 보살피기에 참가하기 때문에 출산에도 물론 같이 참여합니다. 당연히 그 뒤에도 기쁘게 도왔습니다. 국가에서 약 3주간 유급 육아휴가를 주는 것도 도움이 됩니다. 태어나서 얼마 되지 않았을 때는 부모와의 관계가 구축되는 시기이기에 개인적으로는 더 길었으면 좋았을 거라고 생각했습니다.

　나처럼 핀란드의 아버지는 적극적으로 아이를 대합니다. 한낮 길거리에서 유모차를 미는 아버지 모습도 보기 드물지 않습니다. 물론 과거 20년의 급속한 사회변동 때문에 문제를 안고 있는 아버지도 많지만 일반적으로 아버지들은 기저귀 갈기, 젖병 데우기도 기꺼이 합니다.

에이노 탄생. 분만실에서 출산 직후 아내와 함께한 잠깐의 커피 타임. 나도 출산에 함께 참여했습니다.

10개월 된 에이노. 친구와 공원에서.

2. 보육과 교육이 통합된 패이배코티

사회적 자립을 위해 패이배코티를 이용하다

타이토와 에이노가 패이배코티에 다닌 것은 거의 같은 시기, 세 살 무렵이었다. 아이를 이 시기에 패이배코티에 보낸 것은 그때까지 나라에서 보장받고 있었던 재택육아수당이 세 살이 됨과 동시에 종료되기 때문이었다. 재택육아수당(kotihoidontuki)이란 출산 전·후 263일간 어머니·아버지·부모수당 종료 후 보육시설에 아이를 맡기지 않고 집에서 육아를 할 경우 국가에서 지급받는 수당이다. 이 수당을 활용하고 있었던 우리들에게 세 살이라는 시기는 알맞은 때였다.

그러나 2003년 당시 타이토 때에는 지금과는 또 다른 이유로 패이배코티 이용을 결정했다. 그것은 핀란드에서의 나의 사회적 자립 때문이었다. 재택육아수당을 받고 있을 동안, 다시 말해서 '육아휴가 중'이란 사회적 위치 아래에서는 육아를 하는 것이 하나의 역할로서 공적인 일로 간주되었지만 수당 기간이 종료되면 당초 일이 없었던 나는 무직자가 되기 때문에 초조감이 더했다.

그래서 나는 육아수당 종료와 함께 고용지원센터에 등록했다. 핀란드의 고용지원센터에서는 구직 서비스 이외에도 여러 가지 직업 훈련을 위한 강좌가 준비되어 있었고, 그 가운데 핀란드어 코스는 외국인 이주자에게 꽤 인기가 있었다. 고용지원센터를 통해서 그 반에 입학하면 수업료가 무상인 것 이외에도 그 자체가 일로 간주되므로 국가에서 돈을 지급받아 인턴십으로 매일 학습에 전념할 수 있다. 사회적 자립, 그리고 그 땅에서 일을 잡는 것은 중요한 첫걸음이었다. 그런 이유로 나도 그 코스에 참여했다. 타이토는 이제 패이배코티에 다니지 않으면 안 되었다.

알레르기까지 고려하는 급식

타이토는 음식 알레르기가 있었다. 타이토가 패이배코티에 다니게 되었을 무렵 무엇보다 염려되었던 것은 급식이었다. 한두 가지라면 간단하겠지만 타이토는 보통이 아니었다. 우유·달걀·밀·생선 등 여러 가지에 걸쳐 아주 성가신 것이었다.

탐페레 시는 필요에 따라 여러 보육시설이 있었기 때문에 우리들은 처음부터 알레르기 배려에 중점을 둔 패이배코티를 염두에 두었다. 근처 패이배코티 교사에게 물었더니 타이토의 경우, 먼지나 동물의 털 등에 민감하게 반응하지 않는 경우라면 어떤 패이배코티도 대처할 수 있다는 것이다.

실제 일본에서는 알레르기가 있는 아이는 호이쿠엔(保育園)에서 받아

알레르기뿐만 아니라 종교적 이유에도 대응하는 등, 아이 하나 하나에 맞춘 급식은 패이배코티부터 고등학교까지 모든 급식에서 이루어지고 있다.

들이길 꺼리거나 도시락 지참을 강요받는 경우가 있다고 익히 들었기 때문에 우리들은 아이의 패이배코티 입학이 꽤나 신경 쓰였다. 그러나 그 선생님이 너무 선선히 받아주어서 맥이 빠졌다.

신청서와 함께 진단서와 피해야 할 음식 목록을 제출한 뒤 얼마 안 있어 입학 허가가 났다. 물론 도시락은 지참할 필요가 없었고 급식과 간식도 모두 타이토용으로 준비해 주었다.

타이토가 2년간 다닌 피스파라 패이배코티는 당시 0세부터 6세까지 35명 정도로 구성된 작은 패이배코티로 프랑스, 인도네시아, 멕시코, 러시아, 이스라엘 국적의 외국 아이들이 핀란드 아이와 섞여 있었다. 이 패이배코티는 다문화 아이가 다니고 있었고 국제색이 강했다.

급식은 기본적으로 급식센터에서 패이배코티로 매일 운송해 온다. 알레르기나 그 외의 질환에만 대응하는 것이 아니라 종교적 이유로 인한 특별 메뉴, 채식주의 가정을 위한 급식도 준비된다. 이렇게 아이들 하나하나의 필요에 대처하는 것은 패이배코티뿐만 아니라 기초학교부터 고등학교까지 모든 학교급식에서 똑같다.

패이배코티 입학 당시 우리 부부는 급식 내용이 다른 아이들과 다른 것에 타이토가 어떤 반응을 보일지 걱정스러웠다. 그런데 이처럼 필요에 따라 여러 가지 급식이 제공되어서 그 차이를 염려할 필요가 없었고, 다른 아이들도 자연스럽게 이해하는 것 같았다.

핀란드에도 문제는 있다

인구 약 20만의 탐페레 시에는 현재 82개 공립 패이배코티, 17개 사립 패이배코티, 그 외 훈련받은 보육사가 몇 명의 아이를 자택에서 돌보는 가정보육 서비스(perhepäivähoito)가 있다. 지자체는 맞벌이 가정에 한정하지 않고 모든 가정에 서비스를 제공할 의무가 있다. 또한 모든 가정은 공공의 보육 서비스를 받을 권리가 있다. 그 때문에 패이배코티 입학을 희망하는 4개월 전부터(긴급한 경우 2주 전까지) 신청하기만 하면 희망하는 패이배코티에 들어가지 못하는 경우는 있어도 대개는 필요할 때 보육 서비스를 받을 수 있다.

소규모 패이배코티의 폐쇄
그러나 좋은 것만 있는 것은 아니다.

탐페레 시립 피스파라 패이배코티.

실은 피스파라 패이배코티는 타이토의 두 번째 패이배코티이다. 처음 다녔던 곳은 헨네리 패이배코티였다. 낯가림이 심한 타이토가 이럭저럭 패이배코티 생활에 적응하여 새로운 생활이 궤도에 올랐을 때 헨네리 패이배코티의 폐쇄가 결정되었다. 입학 당시부터 폐쇄될 가능성에 대해 들었지만 막상 현실이 되자 충격이었다. 문을 닫자 아이들은 이별을 슬퍼하면서 이웃 패이배코티로 뿔뿔이 흩어졌다.

최근 몇 년 동안 탐페레 시는 예산 삭감으로 정원 이하가 되는 소규모 패이배코티 몇 군데를 폐쇄시켰다. 정원 70명 이하의 작은 패이배코티가 여전히 대부분을 차지하고 있지만, 100명 이상의 대규모 패이배코티도 눈에 띈다. 이러한 현상을 보면 왠지 쓸쓸한 기분도 든다.

이전의 헨네리 패이배코티 시설 자리에는 현재 유아와 취학 전 아이들을 위한 놀이활동센터가 다시 섰다. 그때와 변함없이 건강하게 뛰노는 아이들의 모습이 보인다. 그나마 다행이어서 인근 주민으로서는 안심이 된다.

교사들의 잦은 인사이동

좋은 것만 있는 것이 아니라는 또 다른 이유로 교사의 이동이 심한 것을 들 수 있다. 예를 들면 어느 패이배코티의 대표 교사가 산휴나 육아휴직에 들어가면 다른 패이배코티에서 일정한 기준을 만족한, 인사이동이 가능한 교사가 후임으로 온다. 그러면 옮겨 간 교사 대신에 비정규직 교사나 신규 교사가 들어온다. 마치 당구대의 공처럼 쉴 새 없이 이동이 일어난다. 육아보장이 발달한 이 나라에서는 교사도 육아휴직을 확실히 이용하고 있고, 교사 개인의 의향도 헤아리기 때문에 이동은 더 한층 빈번하고, 또한 복잡하게 일어난다.

피스파라 패이배코티에서도 타이토가 다녔던 2년 동안 원장 선생님이 세 번, 그 밖의 선생님도 여러 번 바뀌었다. 모두 훌륭한 선생님이었지만 부모로서는 조금 당혹스러웠다. 맨 처음 원장 마리카 선생님은 타이토가 입학한 지 두 달이 되자 전근을 갔다. 그 뒤 다른 패이배코티에서 야나 선생님이 원장으로 왔다. 그러나 1년 정도 지나자 그 여선생님도 다른 패이배코티로 반 년 동안 임시로 가게 되었다. 그래서 대신 온 분이 미코 선생님이었다. 여기까지 오자 뭐가 뭔지 알 수가 없게 되었다.

게다가 최근에는 각 패이배코티마다 있던 원장을 줄여서 한 사람이 인접한 몇 개 패이배코티를 겸임하는 방식으로 변했다. 패이배코티에 따라 대표 교사가 있는 곳은 원장이 없는 경우가 드물지 않았고, 이용자가 교사 구성을 파악하기는 더욱 어려운 상황이 되었다.

'조기교육계획'으로 건전한 발달을 보장한다

에이노가 피스파라 패이배코티에 입학한 지 5개월이 지났다.

바로 전날 패이배코티에서 개인 면담을 한 시간 하고 왔다. 이 면담은 '조기교육계획'의 일환으로 시행되는 것인데 연간 2회로 잡혀 있었다.

일본인들이 '조기교육'이란 말을 들으면 이른바 영재교육 이미지를 떠올릴 것이지만 핀란드에서 말하는 조기교육은 그런 것이 아니다. 여기 보육시설·취학전 교육의 장에서 시행하고 있는 조기교육은 보호자와 보육자의 연대 아래 모든 아이들에게 인생을 살아가는 데 기초가 되는 건전한 발달과 성장을 보장하고, 보호자에게 패이배코티의 보육 내용에 대해 영향력을 행사할 기회를 더 많이 주는 것이 주목적이다. 이 프로그램에서는 보육 서비스 운영에서 보호자는 보육자의 파트너라는 것이 명확하게 규정되어 있고, 조기교육계획과 그 실행 과정에서 직원은 가능한 한 아이들의 바람, 흥미 대상과 장점, 아이가 필요로 하는 원조나 지도의 필요성 등에 관해 보호자가 지닌 견해에 주의를 기울인다.

이번 면담 시간은 한 시간이다. 사전에 받았던 질문지에는 아래와 같은 면담 사항이 적시되어 가정에서 서로 이야기 나눌 것을 권하고 있다. 우리들은 선생님과 함께 질문지에 따라 에이노의 집에서의 모습, 그리고 패이배코티에서의 모습에 대해 천천히 정보를 교환해 갔다. 거기서부터 에이노에게 특히 뒷받침이 필요한 점을 채택한 뒤, 이후 이를 목표

로 삼아 구체적으로 어떻게 가정과 패이배코티가 연대해서 대응해 갈
지 이야기를 나누었다.

- 아이에게 가까운 존재, 중요한 사람은 누구입니까?
- 집에서 아이는 패이배코티에 대해 어떻게 이야기합니까?
- 일상적인 패이배코티 생활에 관해 뭔가 걱정되는 것이나 질문하고 싶은
  것은 없습니까?
  (갈아입을 옷, 위생, 식사, 바깥놀이, 낮잠)
- 아이의 발달에 대해 뭔가 걱정되는 것이 있습니까?
  (언어, 운동능력 등)
- 아이는 새로운 상황 아래에서 어떻게 적응하고 있습니까? 공포감을 갖
  고 있습니까?
- 아이는 특히 어떤 것에 즐거워합니까?
- 아이는 기쁨과 슬픔을 어떻게 표현합니까?
- 집으로 돌아간 뒤 친구가 있습니까? 패이배코티에서는 어떻습니까?
- 아이는 어떻게 다른 아이와 사귀고 있습니까? 집단 속에서 역할과 위치
  는?
- 어떤 상황에서 아이는 도움을 구하러 옵니까?
- 싸울 때 어떻게 행동합니까?
- 어떤 것으로, 누구와 자주 놉니까?
- 아이의 패이배코티 생활 모습에 대해 특히 매일 전하고 싶은 것은 어떤
  것입니까?
- 가정과 패이배코티 사이에 어떤 연대 형태를 바라고 있습니까?
- 귀댁의 육아 중에서 어떤 것이 가장 중요합니까? 패이배코티에 무엇을

기대합니까?

(일부 발췌)

이러한 면담 내용은 선생님이 아이의 파일에 기록, 보존하고 이후 계속 이어지는 에이노의 조기교육계획의 중요한 자료가 된다. 학기 마지막 면담에서는 선생님과 같이 이 계획 결과를 되돌아보고 다음 학기에 대해 새로운 목표를 설정한다.

실제로 이번 대화를 통해 정해진 목표와 대책은 바로 우리 집에서의 육아와 패이배코티의 연대 속에서 실천되었다. 그리고 지금까지 걱정된 부분이 조금씩 해소되어 가고 있는 것에서 새삼 이 프로그램이 지닌 의의를 느낄 수 있다.

시(市)의 통역 리스트에 이름이 올라 있는 남편은 이러한 면담 자리에 일본어·핀란드어 통역으로 자주 나갔다. 현재, 해외 파견 등에 따라 외국인 가족이 증가하고 있는 가운데 문제가 되고 있는 것은 이처럼 중요한 상담 자리에서 보호자와 교사 간의 언어 장벽이다. 이럴 때 패이배코티 측이 통역 의뢰를 하면 통역 비용을 시에서 부담하므로 보호자는 언어에 대한 걱정 없이 이 계획에 참여할 수 있다. 이런 점에서 보면 시가 내세운 조기교육계획의 중요성이 절절히 전해져 온다.

　타이토가 패이배코티에 입학할 때 여러 가지로 불안했습니다. 그러나 원장 선생님을 비롯해 패이배코티의 스태프를 만나고서는 안심했습니다. 선생님들은 충실한 교육을 받은 아이 전문가라는 것을 바로 실감했습니다. 아이의 특징을 듣고 부모의 불안에 대해 다양한 상담에 응해 주고, 아이를 대하는 방식에 대해 조언해 주는 등 보육자들은 우리 부모의 든든한 우군이라고 생각했습니다.

　패이배코티 활동도 생각했던 것보다 다양했습니다. 처음에는 패이배코티에서만 활동한다고 생각했는데 의외로 밖으로 나가는 일이 많은 것에 놀랐습니다. 예기치 못하게 발생할 수 있는 일에 대한 무거운 책임에도 아랑곳 하지 않고 선생님들은 소풍을 기획했습니다. 처음에는 아이의 안전이 걱정도 되었지만, 가는 길 확인 등 안전 대책이 패이배코티 안에서와 마찬가지로 확실히 되어 있는 것을 선생님으로부터 듣고 안심했습니다. 아이도 밖에 나가는 날은 항상 생기가 있었고 즐거워했습니다.

　이와 같은 패이배코티이기 때문에 매일 아침 안심하고 우리 아이를 패이배코티에 보낼 수 있었습니다.

놀이활동센터

예술을 중심으로 활동

그런데 타이토가 전에 수개월 동안 다닌 패이배코티 헨네리 놀이활동센터에서는 현재 어떠한 활동을 하고 있을까?

우리 집 뒤뜰 울타리를 건너가면 활동센터로 이어진다. 마치 우리 집 뜰처럼 아이들은 자유롭게 출입했다. 거기에 오래된 목조 건물이 한

헨네리 놀이활동센터.

채 있었다. 그것이 이 헨네리 놀이활동센터이다.

여기서는 이 지역 주변에 살고 있는 유아들이 있는 가정에, 그리고 미취학 아이들을 대상으로 여러 가지 놀이를 제공하고 있다. 주 3회 오전 세 시간은 2~3세 아이와 4~6세 아이를 대상으로 2개 클럽을 운영한다. 매주 월요일 오후 세 시간은 예술 에스카리, 이른바 에시코울루(=preschool)에 다니는 아이들을 대상으로 한 클럽이다. 여기에 매주 수요일 오후 2시부터는 부모와 자녀를 대상으로 누구라도 자유롭게 참여할 수 있는 '예술가족 차 마시기'라고 불리는 차 모임이 열린다.

육아 지원의 일환이지만, 놀이활동센터는 패이배코티 미입학 아이를 위한 열린 패이배코티나 클럽과는 별개로 설치되어 개설 중이다. 이 센터는 탐페레 시에 세 군데가 있으며 모두 예술을 주로 하는 활동을 전개

포바리 패이배코티 에시코울루 아이들의 악기 연주. 약간 긴장하면서도 소박한 연주를 들려주었다.

한다. '가족 차 마시기'를 제외하고, 정기적으로 시행하는 클럽 참여는 시를 통해서 신청한다. 1회 3유로로 요금도 적당하고, 예술 전문 교사가 놀이활동을 지도하므로 인기가 대단히 많다.

2006년 10월 26일 방문

센터가 잘 보이는 우리 집 창을 통해 매일 이용자로 붐비는 센터의 상황을 잘 살필 수 있었다. '오늘은 저 패이배코티 아이들이 왔구나'라든지 '무언가 재미있는 것을 하고 있네'라며, 가끔 슬쩍 보곤 했지만 자세히 볼 수는 없었다.

그럴 즈음 일본 전국사립호이쿠엔연맹 보육국제교류운영위원회 보육 체험연수를 도와줄 때 이 놀이활동센터를 방문할 기회를 얻어 실제 평소의 활동 모습을 차분하게 볼 수 있었다.

미술실. 그림 도구나 공작 재료, 아이들 작품 등이 놓여 있다.

우리가 방문했을 때 마침 근처 포바리 패이배코티에서 취학전 학생 반이 수업의 일환으로 왔다. 포바리 패이배코티는 놀이활동센터 교사들의 협력 아래, 매주 이곳에서 예술 수업을 하고 있다. 마침 그날은 12월에 열리는 교회 크리스마스 발표회를 앞두고 아이들이 여러 가지 악기를 사용해서 한창 연주 연습을 하고 있는 중이었다. 4년 전 개설한 직후에도 포바리 패이배코티 이외에 인근 패이배코티나 먼 곳의 많은 그룹이 이렇게 표현 활동을 목적으로 이용하고 있었다.

센터 활동의 주된 주제는 세 가지다. 미술·연극·음악. 항상 이 세 가지 요소를 충분히 도입한 활동을 한다. 그리고 이들 활동을 중심으로 담당교사는 세 명이다. 세 교사 모두 센터 개설 이전까지는 패이배코티에서 근무하고 있었다. 그 외에 각 예술 분야의 전문지식과 고도의 기술을 갖고 있는 이들로 각 주제마다 담당이 정해져 있다. 모두가 경험이 풍부

한 전직 패이배코티 교사들로서 아
이들의 지도에 숙달되어 있는 것은
물론 예술적 감각과 풍부한 발상으
로 아이들의 표현 활동을 무한대로
넓혀 준다.

건물 안에는 테마별로 방이 구획
되어 있다.

우리들은 음악실에서 아이들의
연주를 감상한 뒤, 암막과 조명 기
구가 갖춰진 무대 세트가 있는 연극
교실로 이동했다. 거기서 연극 담당
테루히 선생님을 중심으로 세 선생

인형극실. 조명도 제대로 갖췄다.

님이 빛과 그림자, 음악을 효과적으로 채택한 신비스러운 인형극을 해
주었다. 인형극에서 사용되는 인형들은 모두 선생님이나 인형극 그룹
의 성인 참가자가 직접 손으로 만든 것이다. 평소에도 이 모둠의 아이들
은 이 무대에서 인형을 갖고 논다고 한다.

그렇다 하더라도 시의 시설에서 이렇게 부담 없이 본격적인 예술에
접할 수 있는 것은 호사스러운 환경이라고 해야 할 것이다.

예술 에스카리 · 아이들의 이야기 만들기

2006년 타이토는 예술 에스카리에 다녔다. 졸업할 때 책 한 권을 안고
집에 돌아왔다. 『늙은 고양이의 모험』이라는 책이었는데, 슬슬 넘기자

아이가 그린 예쁜 그림이 눈에 들어왔다. 지은이가 누구일까, 다시 한 번 표지를 보니 타이토 친구들, 예술 에스카리 친구들의 이름이 죽 적혀 있다.

그것은 반 아이들이 만든 '이야기 만들기' 공동 작품이었다. 한 사람 한 사람 이야기 순번을 주고, 릴레이 형식으로 이야기를 연결해서 하나의 이야기를 완성한 것으로 선생님이 그것을 글로 새로 썼다고 한다. 이야기가 완성되자마자 4~6세 반 아이들에게 들려주었더니 반응이 너무 좋아서 선생님이 그것을 책으로 만든 것이다.

실제로 이러한 이야기 만들기 활동은 잘 이루어지고 있고 여기에서 더 발전시켜 이야기의 한 장면을 눈으로 볼 수 있는 형태로, 즉 그림이나 모형으로 표현하고 음악을 곁들여 아이들이 참가하는 연극으로 상연하고 있다. 이는 정말 미술·연극·음악이라는 세 요소가 도입된 활동이라 할 수 있다.

3. 에시코울루—입학을 앞둔 1년의 준비교육

에시코울루의 교육 내용

2006년 8월 타이토는 99년생 아이들과 같이 에시코울루(esikoulu)에
입학했다.

에시코울루란 취학전 교육(프리스쿨), 즉 입학하기 전의 아이들을 대
상으로 한 1년간의 준비교육으로 에스카리라고도 한다. 모든 아이들에
게 제각각 입학에 필요한 준비를 해 주어 학교생활을 순탄하게 시작할
수 있도록 하는 것이 이 프리스쿨의 목표이다.

에시코울루의 참여가 의무는 아니다. 그러나 대상이 된 모든 아이에
게 무료로 제공되고 있어서 90% 이상의 아이가 이 시스템을 이용하고
있다. 대부분의 에시코울루는 패이배코티 안에서 시행되지만 장소에
따라서는 기초학교 건물 내에서도 볼 수 있다.

타이토가 다닌 에시코울루는 포바리 패이배코티에 있다. 아침 6시경

포바리 패이배코티 에시코울루.

유료 보육이 시작되고 오전 9시~오후 1시까지 취학전 교육이 실시된다. 그 뒤 오후 보육시간으로 이동하고 저녁에 문을 닫는다. 가정마다 보육의 필요성이 다르기 때문에 에시코울루만 다니는 아이도 있고 저녁까지 패이배코티에서 시간을 보내는 아이도 있다.

취학전 교육은 기초학교의 리듬에 가까운 형태로 활동이 이루어진다. 언뜻 계산이나 읽고 쓰기를 조기에 가르치는 것으로 상상할 수도 있겠지만 실제 책상에서 워크북을 펴고 공부하는 것은 1주일에 2회뿐이며, 게다가 1회가 30분 정도이다. 읽고 쓰기 자체에 중점을 둔 것이 아니라 문자와 수에 대한 흥미와 관심을 키우고 국어나 수학의 학습 토대 만들기를 놀이 속에서 구축해 간다. 또한 워크북 내용도 한 가지 이야기 주

취학전 교육의 워크북 『비밀의 나라』(WSOY사 발행, 18.9유로). 시판되고 있지만 취학전 교육에서는 아이들에게 무료로 배포된다. 핀란드에서는 책은 대체로 비싸다.

제에 따라 만든 재미있는 내용이다. 교과의 형식을 배제하고 있어 언뜻 무슨 학습인지 판단하기 어렵다. 수학 같기도 하고 국어 같기도 하고, 생각놀이 같기도 한 여러 가지 요소가 하나로 된 것이라고 말할 수 있겠다.

이러한 에시코울루의 활동은 국가에서 만든 교육과정에 따라 진행된다. 그중에서도 중시된 것은 집단 생활의 태도를 익히고 그 속에서 작업할 수 있는 힘을 기르는 것이다. 다시 말해 다른 사람의 이야기를 잘 듣기, 다른 사람과 잘 지내기, 자신의 의견을 잘 말하기 등 협력과 자주, 자립성을 길러 아이들을 취학 단계로 끌어올리도록 지원하고 있다.

또한 에시코울루에서 다루는 교과 영역은 말과 의사소통, 수학, 윤리와 철학, 환경과 자연과학, 건강, 신체 발달과 운동 발달, 예술과 문화 등

에시코울루 수업 풍경.

자기 이름을 써 보자! (위의 워크북에서 발췌)

① 길을 따라 가 보자.
② 같은 종류가 아닌 것을 찾아 보자.
③ 같은 모양으로 색을 칠해 보자.

① 위의 그림에 있는 것에 ×를, 없는 것에 ○을 써 보자.
② 몇 개의 음절이 있을까요. 손으로 박자를 치면서 확인해 보자. 음절의 수만큼 색을 칠해 보자.
③ A가 들어 있는 낱말을 찾아서 색을 칠해 보자.

① 그림 속에서 8이 되는 것, 9가 되는 것을 찾아 보자.
② 숫자와 주사위의 수가 같은 것끼리 선으로 연결해 보자.
③ 이어서 그려보자(8과 9가 되도록 셔츠에 그려 보자).
④ 보기와 같도록 색을 칠해 보자.
(앞쪽의 워크북에서 발췌)

에시코울루의 방 안. 타이토는 대략 30명의 아이들과 여기서 지냈다.

아주 광범위한 것이다. 그러나 주목할 점은 이렇게 여러 교과 영역이나 목표를 함축하면서도 실제 교육 활동에는 교과의 구별이나 교과별 수업 시간이 나눠져 있지 않다는 것이다.

에시코울루에서는 놀이와 생활에 대한 아이들의 적극적인 자세에 중점을 두고 있다. 아이들 자신이 '놀이'를 의식하고 선택하는 시간도 패이배코티의 하루의 중요한 요소로 삼고 있다.

포바리 패이배코티의 건물은 옛날 교사 숙소를 재활용한, 지은 지 100년이 된 것이다. 각 방이나 현관 마루를 세분해서 나누고, 각각의 공간에 이름을 붙여 놓았다. 연구실, 건축실, 게임실, 이야기실, 숫자실, 자동차실, 인형극실, 공작실, 놀이실 등. 각각의 방에는 놀이에 필요한 여러 가지 장난감이나 도구가 준비되어 있다.

일과표에 들어 있는 자유 선택 놀이 시간을 시작으로 아이들은 자신이 가고 싶은 장소를 정한다. 아이들은 마루 벽에 붙어 있는 방 지도에 자신의 이름이 부착된 클립을 붙이고 각자 이동한다. 각 방마다 설정되어 있는 정원의 수와 지금 붙어 있는 클립의 수에 주목하면서 아이들은 능숙하게 흩어진다.

부모인 나도 설렐 정도로 즐거운 패이배코티 내에서는 '강요당한 공부'라고 느낄 만한 것은 전혀 없었다.

부모도 참가하는 교육 계획

취학전 교육에서는 아이들 한 명 한 명에게 맞춘 지원을 기본으로 내세우고 있기 때문에 교육 프로그램에 부모의 참여를 적극적으로 요구한다. 연 2회, 그러니까 에시코울루가 개시된 직후와 패이배코티를 졸업하기 전에 개인 면담을 한다. 한 아이당 1시간씩 주어진 면담에는 부모와 아이의 참여가 요구되고, 담당 선생님이 결합하여 네 명이 서로 이야기를 나눈다.

첫 번째 면담에서는 타이토의 일상에서 장단점을 발견해 내고 일 년간 장점을 키우고 단점을 보완해 가는 방법에 논의의 초점을 두었다. 선생님은 피스파라 패이배코티의 조기교육계획에 기초하여 지금까지 나타난 타이토의 성장 기록에도 주목했다. 이와 함께 선생님은 앞으로 일 년 동안 타이토에 대한 지원 방식, 목표 설정 방식을 적확하게 제안해 주었다. 타이토가 면담 장소에 동석한 것은 일 년간의 목표를 자기 자신이 의식하도록 하는 데 매우 좋은 기회가 되었다.

그리고 패이배코티 졸업 전 면담에서는 타이토를 중심으로 면담을 했다. 에시코울루에 다니기 시작했을 때 어떤 점이 부족하여 목표를 삼았는지 되돌아보는 것에서부터 면담을 시작했다. 선생님은 타이토에게 일 년 동안 일어났던 일들을 하나씩 떠올려 주면서 "이전에는 이런 것이 힘들고 어려웠는데 일 년 동안 이렇게 잘할 수 있게 되었어요. 정말 훌륭해요"라며 성장한 점을 구체적으로 칭찬했다. 다른 사람과 비교하지 않고 과거의 자신과 지금의 자신을 직시했을 때 자신이 어느 정도 성장했는지 깨닫는 것이 중요하며 앞으로도 초조해하지 말고 자신을 발전시켜 갔으면 좋겠다는 선생님의 생각을 잘 알 수 있었다.

무심코 우리 아이들을 다른 아이들과 비교해 본 적도 있던 내가 정신이 번쩍 든 순간이었다. 또한 이때 부족한 부분을 극복하고 크게 성장했던 자신을 돌아봄으로써 타이토는 이후 기초학교 입학에 자신감을 많이 가질 수 있게 되었던 것 같다.

도서관

아이들이 책에 흥미를 가지게 된 후 우리 가족은 도서관에 자주 갔다. 타이토는 말을 기억하는 것도 빨랐기 때문에 1세 전후부터, 에이노는 2세 반 정도부터였을까, 아무튼 둘은 책에 흥미를 보이고 그때부터 계속 책을 좋아한다.

우리가 다닌 곳은 탐페레 시립 중앙도서관. 우리 모두가 좋아한 외출 장소였다.

탐페레 시립 중앙도서관.

아동도서 코너.

핀란드 사람이 책 읽기를 좋아한다는 것은 잘 알려진 이야기이다. 도서관도 대단히 충실하다. 잡지, 해외 서적, 학습서, 점자책, 오디오 북, 비디오, DVD, CD-ROM 등 다양한 도서의 종류와 양을 구비해 놓았다. 기한을 지키면 1회에 한정되지 않고 얼마든지 계속 빌릴 수 있기 때문에 눈 깜짝 할 사이에 두 손에는 책이 가득하고 아이들도 기뻐한다.

어린이 코너에는 전속 사서가 항상 근무하면서 인형극이나 읽기, 쓰기도 정기적으로 기획했다. 시청각 기기나 인터넷용 컴퓨터와 검색용 컴퓨터도 완비되어 있고, 코너에는 대개 우리처럼 부모와 아이가 같이 오기도 하지만 산책을 겸해서 오는 시내 패이배코티 아이들의 모습도 눈에 띈다.

유명한 건축가 피에티라가 설계한 현대적이고 개방적인 분위기를 지

도서관에서 그림책을 읽고 있을 때는 부자 간의 커뮤니케이션 시간이다.

닌 도서관은 충실한 서비스를 갖추고 있다. 클럽, 찻집, 학습실, 열린 회의실, 버스 시각을 알리는 전광판. 누구라도 이용하기 쉬운 매력적인 이곳으로 저절로 발길이 갈 수밖에 없다.

아이가 에시코울루에 들어가기 전에 머릿속에 그려진 이미지는 학교와 같은 것이었습니다. 여섯 살에 벌써 학교에 다녀야 하는가 하는 가여운 마음도 들었습니다. 그러나 입학 날 선생님이 특히 편안하게 아이들을 맞이해 주었습니다. 마치 패이배코티에 다시 입학하는 것 같은 분위기였습니다.

또한 취학전 학교라고 해도 "학교", 다시 말해서 학교 같은 교실에서 공부하는 일은 없었습니다. 모든 아이는 각자의 진도에 맞춰 활동을 하고 있었습니다. 아이가 다닌 에시코울루는 기초학교와 같은 장소에 있었기 때문에 이후 학교생활도 가까이서 관찰할 수 있었습니다.

학교와의 연대는 예를 들면 합동 운동회의 형식으로 나타났지만, 배경에서는 아이들의 특징이나 정보가 에시코울루에서 학교로 전달되는 제도였습니다. 에시코울루의 아이는 학교 방문도 했었기 때문에 실제 학교생활이 시작할 때 단계의 차이를 전혀 느끼지 못했습니다.

에시코울루는 인생이란 계단의 커다란 첫 계단을 자연스럽게 오를 수 있도록 아이들을 지원하는 곳이라는 느낌이 확실히 들었습니다.

4. 기초학교에 입학하다

너무 간소한 입학 날 풍경

2006년 8월 14일 드디어 9년간의 의무교육 과정, 기초학교를 시작한다. 타이토가 다닌 휴후크 기초학교는 지금까지 다녔던 에시코울루인 포바리 패이배코티와 같은 부지에 있다. 바깥놀이와 급식 식당에서 학교 학생과 사귈 기회도 많았고, 또한 에시코울루의 수업에서도 몇 번인가 학교 견학을 하여 요우니 담임선생님과도 만난 적이 있기 때문에 아이들은 어느 정도 학교에 익숙해져 있는 듯하다. 그런데도 이틀 전 쯤부터 본인은 긴장된다고 투덜거리기 시작했다.

드디어 입학 당일. 아침에 학교 앞에는 1학년생과 학부모가 모여 있었다. 9시가 되자 교장 선생님과 요우니 담임선생님이 등장했다. 거기서 5분 정도 인사를 하고 출석부에 누락된 사람은 없는지 한 사람씩 이름을 부르면서 확인을 했다. 1학년은 25명 한 반이었다. 교장 선생님은

휴후크 기초학교. 1~6년생까지 약 200명 재학. 탐페레 시내에서는 보통 규모. 포바리 패이배코티 에시 코울루와 같은 부지 안에 있다. 우리 집에서 걸어서 5분 거리.

아이들보다도 긴장하고 있는 우리들에게 농담을 하면서 떠났고, 그 뒤 아이들은 선생님을 따라 교실로 향했다. 부모들에게 손을 흔들고 헤어졌다.

이날은 역시 많은 부모가 아이를 맞으러 왔다. 하교 시각이 되자 교실에서 나온 요우니 선생님이 첫날의 모습에 대해 한마디. "아무래도 차분한 아이들 같습니다." 그러자 한 아버지가 "아직 모릅니다, 선생님. 이제부텁니다."라고 넉살을 떨었다. 그러자 선생님은 "음, 오늘은

입학일 당일의 교장 선생님과 담임선생님. 바깥에서 이름을 확인한 뒤 아이들만 교실로 들어갔다. 1학년생은 한 학급뿐이며 25명.

가방을 등에 메고 첫 등교.

우선, 아이들이 5분을 가만히 듣고 있었어요."라며 여유를 보였다.

"일학년~이 되~면, 일학년~이 되~면~♪"하는 입학식 음악이 울려 퍼지는 가운데 가슴에 리본을 달고 긴장된 표정으로 담임선생님을 따라 박수가 터져 나오는 체육관에 발을 들여놓던 내 유년기의 입학식 기억이 선명하게 떠오른다. 인생의 큰 사건, 기초학교 입학. 그러나 핀란드에서 입학은 '식'과는 전혀 달랐고, 상상 이상으로 간소했다.

1학년을 돌보는 학교 쿤미

이렇게 타이토의 학교생활이 시작되었다. 2주째로 접어드는 어느 날 타이토가 '학교 쿤미'가 생겼다고 기뻐하며 돌아왔다. 학교 쿤미란 하급생을 돌봐 주는 상급생으로 휴후크 기초학교에서는 1학년과 6학년, 두 사람이 짝을 이룬다. 타이토의 쿤미는 빌마라는 여학생이다. 같이 놀러 다니기도 하고 여러 가지 도움도 주었다. 처음 얼마 동안은 매일같이 빌마로부터 "멋진 학교생활을!"이라는 메시지가 적힌 카드를 받아 와서는 소중한 듯이 책상에 붙여 놓았다.

이 쿤미 제도는 1학년이 안심하고 학교생활을 보낼 수 있도록, 그리고 집단 따돌림 방지를 위해서 시행되는 것이다. 자기의 하급생이 힘들어 하지 않는지, 다른 아이들에게 따돌림을 당하지 않는지 등 1학년을 지켜보는 것이 학교 쿤미인 6학년의 역할이다.

역시 반년이 넘어 가자 1학년들은 학교에 아주 잘 적응했다. 그 때문에 쿤미와 같이 노는 일은 없어지는 듯했다. 그 무렵에는 이미 1학년

기초학교의 수업 광경.

과 6학년은 자신의 짝을 통해서 다른 아이들과도 잘 알게 되어 학년을 뛰어넘어 서로 이름을 친근하게 부르는 모습이 자주 보였다.

12월 생으로 반에서 가장 어린 타이토가 안심하고 학교를 다닐 수 있었던 것은 한편으로 학교 쿤미 덕분이었음은 말할 것도 없다.

스트레스 없는 즐거운 1학년 생활

조금 복잡하지만 짧은 수업 시간

타이토에게 학교는 즐거운 곳이다. 학교를 에시코울루의 연장으로 받아들여 학교에 다니는 것이 힘들지 않은 듯하다. 하교도 아주 빨라 실제로 에시코울루 시절의 생활 리듬과 거의 달라지지 않았다.

이래서 마음을 놓으려고 하는 바로 그때, 입학한 지 채 한 달도 되지 않아 타이토가 지각을 했다. 그날 금요일 수업 시작 시각은 8시 15분이

휴후크 학교 1학년(A) 시간표

	월	화	수	목	금
8:15-9:00		국어A		국어A	국어A
9:00-9:45	음악	환경	수공예	국어A	국어
10:00-10:45	국어	종교	국어	수학	미술
급 식					
11:15-12:00	수학		수학		미술
12:15-13:00	수공예		환경		체육
13:15-14:00			체육		

※ 국어A는 A모둠의 소인수제 수업. 실제는 국어만이 아니라 그때의 상황에 따라 자주 수학 수업을 하기도 했다.

다. 시간표를 확인했지만 9시로 착각해 학교에 보냈다.

이 점에 대해서는 많이 반성한다. 물론 그 뒤로는 지각하지 않았지만 굳이 변명하자면 이 시간표의 특성상 익숙하기 전에는 이처럼 깜빡 실수하기 쉽다.

위의 것이 1학년 타이토의 시간표다. 요일에 따라 수업 시작 시각이 다른 것은 일부 수업을 소인수 학급으로 편성해 진행하기 때문이다. 반을 두 모둠으로 나눠, 예를 들면 소인수제 수업이 있는 목요일에는 빠른 순번 A모둠은 8시 15분부터 수업을 받는다. 이날 B모둠은 10시에 등교해서 전원이 통상의 수업을 시작한다. 그리고 A모둠은 점심 식사 후에 하교한다. 한편 늦은 순번 B모둠은 아침에 시작한 A모둠과 같은 수업을 2시간 더 하게 된다.

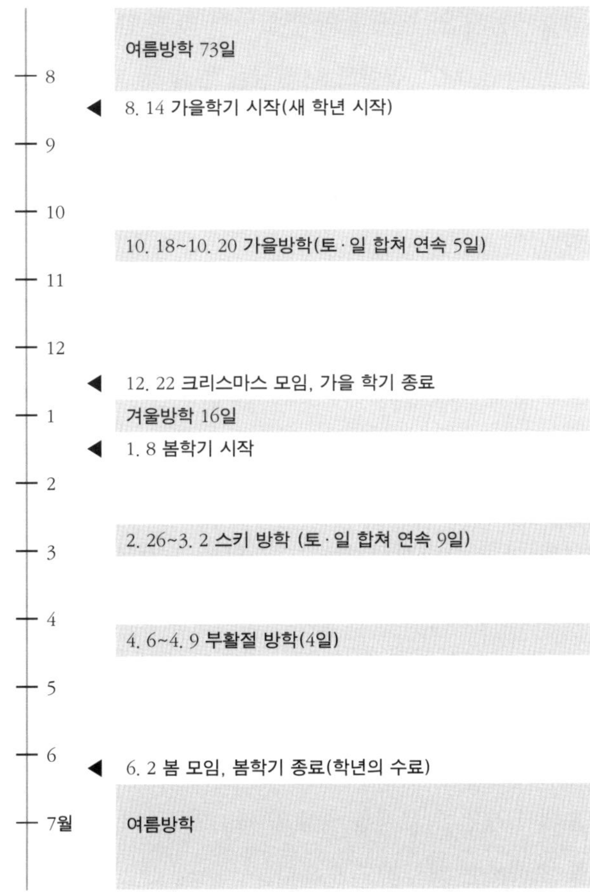

교과 학습 중심의 촘촘한 학교생활

조금 복잡한 시간표이지만 불만은 없다. 모든 아이에게 두루 자세하게 지도할 수 있도록 편성된 것으로 보이기 때문이다.

그런데 핀란드 선생님과 참관하러 온 일본 선생님들이 함께 이야기를 나눌 때, 종종 두 나라의 근무 시간의 차이가 화제가 되었다. 일본의 선생님은 밤늦게까지 일 때문에 학교에 남아 있는 일이 많다고 교사의 바쁜 실상을 말하면, 대개 핀란드 선생님은 입을 딱 벌리며 "일본의 선생님들은 힘들군요. 그렇게 할 일이 많습니까?"라며 알 수 없다는 표정을 짓는다. 핀란드의 선생님은 수업을 마치면 오후 2~4시 정도에는 귀가하기 때문이다.

실제 핀란드 아이들의 학교생활 자체도 간소하고 깔끔하다. 매주 실시되는 조회 같은 것도 없고, 클럽 활동이나 청소 시간도 없다. 급식은 셀프서비스로 배식부터 정리까지 30분 이내로 간단하게 끝낸다. 교외 학습이나 연극 감상회, 스포츠 대회 등의 단발성 행사는 빈번하게 있지만 준비 시간을 많이 들이는 학교 행사는 지극히 적다고 할 수 있다.

특히 부모와 아이 간담회나 학교 디스코텍과 같은 레크리에이션은 선생님의 관할 밖의 방과후 교육이나 일요일에 학부모회가 중심이 되어 진행되는 것이 많고, 클럽 활동 역시 지역의 스포츠센터에서 진행되어 집에서 다니는 것이 일반적이다. 확실히 시간표의 내용이 교과 학습으로 간결하게 정리되어 있다는 느낌이 든다.

이런 가운데서 생긴 학교생활 형태의 차이가 두 나라 교사들의 업무량의 차이를 초래하는 것일지도 모른다.

일본에서 자란 나는 학교 전체 행사를 좀 더 해도 즐겁겠다든가, 가끔은 아침 운동이나 청소 지도도 했으면 좋겠다는 생각도 한다. 다만 한편으로 1년 동안 어떤 스트레스도 받지 않고 즐겁게 학교에 다닌 타이토를 보면 이런 학교도 있구나 하는 생각도 한다.

일본어 모국어 교육

모든 아이에게 모국어 학습을 보장

지난 주 일요일 탐페레 시와 그 주변에 사는 17명의 일본인 여성이 모여 차모임을 가졌다. 거의가 미취학 아이의 엄마들이다. 일본어 교육이 화제가 되었다. 해외에서는 누구든 신경 쓰이는 일인 듯하다.

그래서 "괜찮습니다. 탐페레 시에는 일본어 교실이 있어요. 에시코울루에서 참여 가능합니다"라고 별 다른 뜻 없이 말했더니 엄마들의 눈이 반짝반짝 빛났다. 한 살 된 아이의 엄마가 "우리 아이를 부탁합니다"라고 해서, "조금 빠르지만 에시코울루에 들어가려면 탐페레 시 교육위원회에, 학교나 패이배코티의 선생님을 통해서 신청하세요"로 시작해 간단한 설명회가 되어 버렸다. 먼저 아이를 보냈던 엄마들은 그 교실이 어떤 느낌인지 이야기해 주었다.

그렇다. 이 먼 북유럽에서 일본어를 모국어로 하는 아이들에게 일본어 교육이 진행된다. 게다가 그것을 운영하는 것은 각 지자체이다.

핀란드 학교교육에서는 핀란드어가 모국어가 아닌 외국인 어린이의 모국어 학습에도 높은 가치를 두고 있다. 모국어는 개념적 사고나 감정 표현의 수단이고 새로운 언어 습득은 자신의 모국어의 발전에 달려 있다. 그 때문에 모국어를 다루는 능력이 없이는 다른 언어를 습득하는 것이 어렵다고 여긴다.

탐페레 시에서는 현재 20개국 이상의 모국어 수업이 전개되고 있다. 모국어 교육의 목표는 2개 국어를 구사하는 아이로서의 성장을 돕고 아이 자신이 지닌 언어적, 문화적 정체성을 확립하게 하려는 데 있다.

모국어 교육의 참가 자격은 탐페레 시나 그 인근에 사는, 에시코울루

모국어 교실은 외국인 아이들에게는 자기 자신을 생각하게 하는 중요한 장소이다.

에서 고등학교까지 외국어를 모국어로 하는 아이들이다. 같은 언어를 모국어로 하는 아이가 네 명 이상 모이고, 자격증을 지닌 원어민 교사가 있으면 교실을 열 수 있다. 교육위원회는 개강하지 않은 언어도 포함해서 참가 자격과 무관하게 학습 기회를 제공받지 못하는 아이들은 없는지 철저히 찾아낸다. 이 작업을 어떻게 하는지 이전에 직원이 보여 주었는데 힘든 일임은 말할 것도 없다.

모국어 교실은 쉼터

내가 탐페레 시에서 일본어 모국어 교육을 맡은 지 1년이 다 되어 간다. 학년말이 가까이 다가온 바로 어제, 내년도 수업에 필요한 자료를 주문하라고 교육위원회에서 연락이 왔다. 그런 것이 가능한지 전혀 몰랐던 나는 기뻐서 바로 주문을 했다.

사실 이전에도 일본의 교육 기술에 관한 책이나 수업에서 사용하기 위한 문제집을 구입해서 받은 적은 있다. 나는 형식적으로 공책 정도를 신청했다. 그러자 옆에 있던 비서가 한마디 했다.

"이것뿐입니까? 사양하지 마세요. 수업에 필요한 것을 잘 생각해서 더 신청하세요."

일본에서는 수업에 필요한 풀이나 가위, 파일, 색연필은 어린이가 갖고 오기 때문에 시의 예산으로 살 필요가 없다고 생각했다. 그러나 여기서는 소규모 일본어 수업을 위해서도 많은 것을 준비해 준다.

매주 목요일 방과 후 탐페레 시에 흩어져 살고 있는 참가자 아이들은 시 중심에 있는 학교의 교실에 모인다. 현재 타이토를 포함한 여덟 명이 매주 2시간 일본어 수업을 받고 있다.

특히 부모의 해외 부임으로 갑자기 핀란드로 오게 된 외국인 아이들에게 이곳 모국어 교실은 쉼터라고도 말할 수 있다. 생각한 것을 말로 다 표현하지 못해 소통에 어려움을 겪을 때 자신이 지닌 힘을 자기 모국어로 모두 풀어 낼 장소가 여기에는 있다. 때때로 답답함을 푼다든지, 생각처럼 되지 않아 자신감을 잃었을 때, 여기서 자신을 얻고 자기 반으로 돌아간다. 아이들에게 심리적 위안이 되는 장소가 얼마나 중요한지 매일 가르치면서 통감하고 있다.

　　드디어 학교를 다니기 시작했습니다만 그렇게 걱정되는 일은 없었습니다. 아이가 프리스쿨에서 이미 학교생활에 익숙해졌고, 학교도 패이배코티와 같은 곳에 있었기 때문입니다. 또한, 입학 전 보호자 설명회에서 요우니 담임선생님을 만났을 때 자신감이 넘치는 선생님이라는 인상을 받았습니다.

　　선생님은 우선 자신의 교육 방침을 설명하고 지금부터 6년 간 이 반을 맡는 가운데, 천천히 아이들과 좋은 관계를 만들어 가며 성장을 지켜보고 싶다고 말했습니다. 선생님은 자신이 담당한 기간을 전체에서 살펴 갈 것이며, 세세하게 교과 내용을 설명하는 것은 하지 않을 것이라고 합니다. 나도 아이의 성장을 긴 안목으로 보는 쪽이 좋다고 생각했습니다.

　　"우리 아이는 아직 글자를 읽지 못합니다"라며 어느 부모가 걱정하자 선생님은 "학교에 다니는 동안 모두 읽게 됩니다"라고 답해 주었습니다. 역시나 아이 교육은 서둘러서는 안 됩니다.

　　거의 모든 부모들은 이렇게 해서 선생님을 신뢰하고 전문가인 선생님에게 아이의 교육을 맡깁니다. 때때로 선생님은 부모에게 좀 더 참여해 주었으면 할 정도입니다. 핀란드에서는 기본적으로 특별히 문제가 없으면 부모는 학교에 연락을 하지 않는 듯합니다.

5. 배움의 길을 처음 걷는 우리 아이들

이렇게 핀란드에서 자란 타이토와 에이노는 눈앞에 펼쳐진 오핀폴쿠(역주 : OPINPOLKU, 핀란드어로 'Oppi'는 교육을, 'Polku'는 길을 뜻한다)라는 배움의 길을 걷고 있다. 그것은 패이배코티·에시코울루·기초학교로 이어지는 완만한 길이다. 핀란드 교육 시스템의 특징은 어린이의 학습이 계속적으로 다음 단계로 이동해 갈 수 있도록 환경 정비에 힘을 기울이는 데에 있다. 여기에는 아이의 성장을 계속적으로 지켜봐 주기 위한 계획, 한 선생님에게서 다음 선생님으로 이어지는 인계 방식이 확립되어 있다.

또한 이 길은 국적이나 인종을 넘어 핀란드에 거주하는 모든 아이들을 위해 준비되어 있다. 여기서는 개개인이 갖고 있는 모국어와 문화의 소중함도 소홀히 하지 않는다.

두 아이의 육아를 통해서 핀란드 사회로부터 내 모국을 다시 보게 될

2007년 6월. 타이토는 무사히 기초학교 1학년을 마쳤다. 핀란드에서는 6월 4일부터 여름방학을 시작하고, 백야의 계절이 시작된다. 이 사진은 저녁 9시경. 6월말부터 7월 한 달, 가족과 같이 일본에 귀국해서 히로시마 고향에 돌아가길 기대했다. 우리 집이 매년 여름을 보내는 방법이다. 핀란드에서의 짧은 여름을 만끽할 수 없는 것이 약간 유감이다.

계기를 얻어, 이 나라에는 없는 일본의 문화나 관습의 훌륭함도 많이 깨닫게 되었다. 국제화가 진행되고 일본과 핀란드의 교류가 증가되는 오늘날, 지금까지 길러 온 자기 나라의 육아 문화, 학교 문화를 유지하면서 "아이들의 행복과 성장을 사회 전체가 지켜본다"는 기본 개념을 기초로 자기 나라에는 없는 상대방 국가의 여러 가지 조치를 참고해 간다면 더욱 매력적인 육아의 장으로서 함께 발전해 갈 수 있을 것이다.

※ 이 글은『보육통신(保育通信)』(全国私立保育園連盟 발행) 2006년 5~10월호에 연재했던「핀란드로부터 온 편지」를 바탕으로 대폭 가필하고 재구성한 것이다.

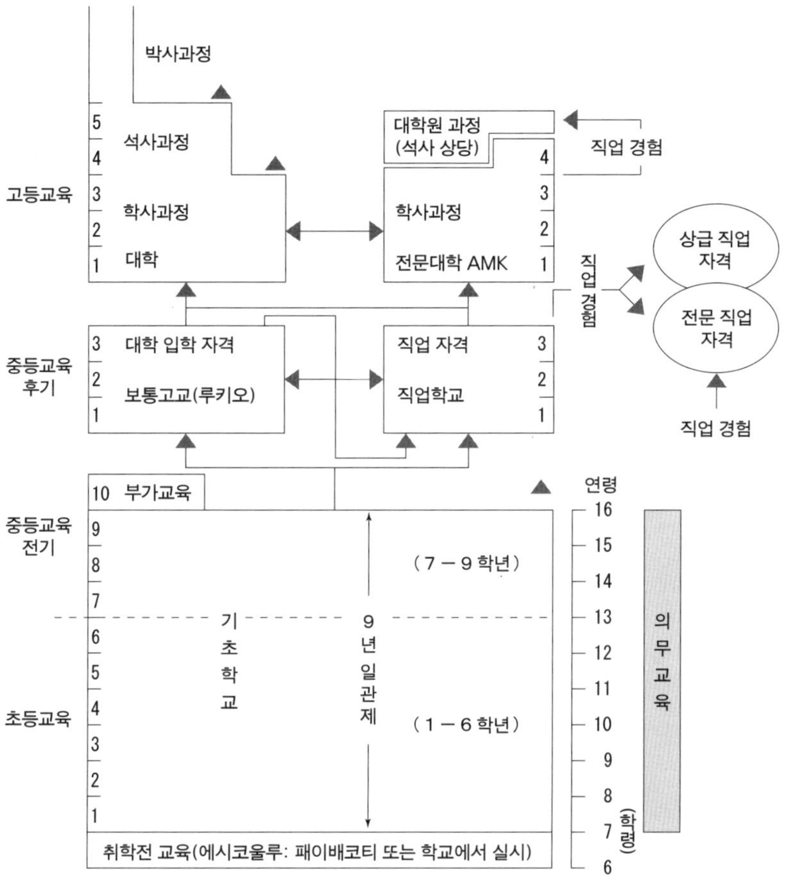

기초학교 : 핀란드의 취학 연령은 7세. 기초학교 1~9학년까지가 의무교육. 한국에서는 초등학교와 중학교에 해당한다. 제도상으로는 9년 일관제이지만 그 설치 형태는 다양하다.

제10학년 : 임의로 1년간의 보습 프로그램을 수강하는 것이 가능하다. 재적자는 제9학년의 3%가 채 안 된다.

NATIONAL CORE CURRICULUM FOR BASIC EDUCATION 2004, FINNISH NATIONAL BOARD OF EDUCATION을 기초로 작성

탐페레 시내의 공원에서

2 핀란드 보육 현장에서 배운다

—(사)전국사립호이쿠엔연맹 보육국제교류운영위원회

핀란드 대사관 인터뷰
―모리 마리 (도요에이와 여자학원대학)

리사 칼비넨 참사관

전국사립호이쿠엔연맹 보육국제교류운영위원회는 핀란드 보육 체험연수에 앞서 핀란드 대사관의 참사관 리사 칼비넨(Liisa Karvinen) 씨와 홍보부의 카와무라 미나(河村美奈) 씨를 방문해 핀란드에 대해 개략적인 이야기를 들었다.

핀란드 대사관은 도쿄의 미나미 아자부에 있으며 가장 가까운 역은 도쿄 지하철의 히로오에역이다. 이 거리는 국제학교, 외국대사관이나 외국 국적 기업이 즐비한 롯뽄기나 아카사카와도 가까운 곳이라 국제적인 분위기가 물씬 풍긴다. 대사관은 아리스가와노미야 기념공원 근처 주요 도로에서 한 걸음 들어간 곳에 있다. 푸른빛으로 둘러싸여 매우 한적하고 고요해서 마음이 느긋해지는 환경이다.

2005년 10월 4일 본 위원회 3명(히시카와 히로아키, 유리아, 모리 마리)은 다소 긴장하며 대사관으로 향했다.

지금, 왜, 핀란드인가?

핀란드는 경제협력개발기구(OECD)[1]의 2003년도 국제학업성취도평가(PISA)에서 최상위(문해력과 과학적 문제해결력 1위)를 차지했다. 그 때문에 인구 약 527만 명의 나라 핀란드는 일본 국내뿐만 아니라 세계적으로 일약 주목을 받게 되었다. 최근 학교교육이나 지역교육의 바람직한 모습에 대해서도 다양한 특집이 편성되고 출판물도 꽤 많아졌다.

이런 배경 아래 본 위원회에서도 핀란드의 영유아 교육 · 보육의 전개 상태나 가정(가족) 지원에 관한 움직임에 대해서 '배우고 싶다', '알고 싶다', '이해하고 싶다' 등 여러 요청들이 많았다.

우리 위원들이 핀란드의 전반적인 보육을 배우는 것은 핀란드 보육의 실천을 그대로 도입하기 위한 것은 아니다. 자신이 속한 호이쿠엔의 현황에 대해 반성하는 계기로, 또한 앞으로의 보육에 관한 단서를 얻을 거라는 희망과 전망을 가질 기회로 간주하여 핀란드를 채택한 것이다.

보육 체험연수는 현지에서 보거나 듣거나 교류하면서 '오감을 통해'

---

1) ① 시장경제를 원칙으로 하는 선진국들의 모임. 현재 세계 200여 국가 가운데 OECD 가맹국은 33개국 (2010년 말 현재). 세계 인구의 16% 정도밖에 차지하고 있지 않지만 세계 총생산의 3분의 2, 총 수출액의 5분의 3, 해외원조액은 5분의 4를 차지하고 있다.
② 정치 군사를 제외하고 경제 사회의 모든 분야의 다양한 문제의 연구 분석이나 정책 제언을 하고 있는 국제기관이다. 연구 분석은 경제, 무역, 공업, 농업, 원자력, 고령화, 연금에서 교육이나 관광 등을 망라하고 연구 성과를 정책 제언에 반영하는 국제기구이다.
③ 클럽의 성격으로 일컬어지고 있어서 다양한 문제나 과제를 교환하고 협의의 장을 제공하고 있다. (http://www.oecd.org)

보다 깊이 배워 가는 것을 목표로 했다. 실제 핀란드의 영유아 보육·교육 시설을 방문하는 기회를 가지고 보육교사와 교류를 추진해 가는 데 있어, 우선 기초지식을 축적해 두는 것이 중요하다고 생각했다. 우리는 "바로 실천으로 옮기자"라는 생각으로 핀란드 대사관의 관계자로부터 직접 이야기를 듣게 되었다.

여기서는 그 개요를 보고하고자 한다.

● 핀란드의 패이배코티와 보육자 ●

◇ **취학전 어린이의 교육·보육과 생활**

- 핀란드의 의무교육 기간은 9년으로 일본과 같다. 기초학교 취학은 만 7세가 되는 8월이다.
- 취학전 교육(특히 3~6세)은 주간 보육이 지자체에 의무로 부과되어 있다. 운영에 관해서는 국가가 일부 보조한다.
- 6세아(7세)를 대상으로 한 무료 취학전 교육 '프리스쿨(핀란드어로 에시코울루esikoulu)'이 있다. 놀이를 중시하는 가운데 아이들은 '사회성 획득'과 '학습 준비로서 문자나 수학에 대한 흥미나 관심을 높이는 공부'를 하고 있다.

  예를 들어 한 가지 과제(놀이)에서 교구의 크기나 형태를 혼자서 알아낸다든지, 친구들과 비교한다든지 하는 것이 의도적인 장치로서 들어가 있다.
- 취학전 교육·보육 시스템으로서 생후 9·10개월까지는 가정

에서의 육아가 상식이다. 9개월에서 3세까지는 가정에서 보육이 가능하도록 하는 보장제도가 있어 정부로부터 전면적인 지원이 있다.

패이배코티는 9개월부터 다닐 수 있다. 가정 보육(패밀리 데이케어)도 있다. 가정 보육은 아이 네 명당 어른 한 명으로 이루어진다. 보육 시간은 대개 7시에서 17시까지가 일반적이지만 최근에는 6시에서 19시까지 운영하는 곳도 있다.

한편 극히 예외적인 것으로 24시간 보육을 하는 곳도 있다. 패이배코티는 지자체에 의해 운영 관리되고 있는 곳이 대부분이지만 민간 보육시설도 있다.

◇ **보호자와의 연대와 육아 지원**

- 출생률은 1.8 정도(2006년 일본은 1.32). 보호자들의 일이나 경력을 유지할 수 있는 시스템이 완비되어 있다. 구체적으로 근로 형태의 유연성, 그리고 기초학교(초등학교) 2학년의 크리스마스 시기까지 부모가 근무 시간을 단축시킬 수 있는 선택이 있기 때문이라고 생각된다.

- 보호자와 보육소의 관계는 무엇보다 평등하고 의사소통을 풍부히 하는 것이 중요하다는 인식을 서로가 공유한다. 그 근저에는, 필요한 것은 법률로 정해져 있다는 이해가 있다.

- 아이가 아플 때에는 부모(아버지·어머니 어느 쪽이든)가 아이의 곁에 있어야 한다는 사회적 공통 이해가 있다. 그 때문에 일

과 중에 귀가할 수밖에 없는 경우 해고되지 않을까, 직장 사람들로부터 비난을 받지 않을까 걱정할 필요가 없다. 직장에는 육아와 직장생활의 양립을 보장하는 사고방식이 존재한다.

- 부모와 보육자는 육아란 부모가 먼저 아이와 마주하는 것이라는 인식을 공유하고 있다. 그들은 이를 계승하고 충실히 하려고 노력하며 실천해 왔다. 이는 바로 그들의 '문화'이다. 따라서 지금 문제가 발생했기 때문에 이런저런 대처법을 찾는 것이 아니라, 먼저 '어떤 사회를 구축하고 싶은가'라는 한 사람 한 사람의 인식이나 생각을 표현하고 반영시켜 나가는 것이 중요하다.

◇ 보육자의 위치와 대우

- 보육자는 보육교사(teacher)와 보육사(nurse)로 자격이 나뉜다. 보육교사는 학위[2]가 있다.

  교사가 중요한 직업이라는 사회적 인식은 있으나 보육교사의 초임 급여 수준은 세계적 기업이 된 노키아를 위시한 기업보다는 조금 적다. 평균하면 월 25만 엔.

  한편 보육교사는 노동조합의 결속이 강해서 처우 개선이나 연수에 관해서도 활발하게 활동이 이루어지고 있다.[3]

---

2) 핀란드에서는 국내 9개 대학에 교원 양성 학과가 배치되어 있다. 통상 대학 졸업은 석사 학위 과정을 수료하는 것을 의미한다.
3) 기초학교 교사에 관해 말하면 1년에 3일간 유급 연수 권리가 있다. 부재중인 기간에는 예비교사 학생들이 대신하는 것으로 인정된다.

◇ 직면한 과제

- 특별한 요구를 가진 아이의 보육을 위한 특수교육 교사의 배치가 있다. 또한 의료기관이 협력하여 아이들 진단이나 부모를 위한 상담을 하고 있다.

- 교사는 한 사람 한 사람 모든 아이의 전인격적 발달에 알맞은 실천을 하는 것이 기본이기 때문에 다양한 분야의 배움을 거쳐 아이들 각자에게 맞출 수 있는 지식·기술을 가진 통합형 교사로서 종사하는 것이 중요하다고 생각한다.

- 지금 핀란드의 취학전 교육·보육 시설뿐만 아니라 사회 전체가 직면하고 있는 과제는 '사회의 다문화'다. 지리적 관계로 인해 러시아, 슬로바키아, 에스토니아, 소말리아로부터의 이민이나 베트남 난민이 늘고 있다. 패이배코티에서도 가능한 한 지원하도록 힘쓰고 있다. 이웃 나라 스웨덴에서도 이민자의 국적은 다르나 다문화에 관해서는 비슷한 경향이 나타난다.

  이후 교사 교육이나 시스템, 서비스 내용에 관해서 검토할 필요가 있을 것 같다.

(인터뷰 내용에서 정리)

인터뷰를 마치고

인터뷰를 시작하기 전에 본 연맹과 위원회의 개요, 인터뷰의 목적과
전망에 관해 인사말을 나누고 관내를 안내받았더니 약속된 한 시간이
지나고 말았다. 그러나 이쪽편의 걱정을 뒷전으로 참사관은 '다른 묻고
싶은 것이 있으십니까?' '질문이 있으면 사양 말고 하세요'라고 재차 말
했고, 영유아에 관심을 기울이는 우리들의 자세를 깊이 존중해 주었다.
그리고 '꼭 현장을 방문해 주세요. 가능한 한 도움을 드리겠습니다.'라
는 말씀까지 해 주었다.

그다음 학력 저하나 육아 지원이 화제가 되었다. 그는 '핀란드에서 배
우라'고 하며, 보육시설에 한정하지 않고 초등학교에서 대학까지 깊은
관심을 보이는 일본의 상황을 파악하고 있었고, '문화가 다른' 장에 단

순히 시스템만을 옮기는 위험성에 대해서도 역설했다.

또한, 그는 "'가장 나쁜 것은 누구냐'는 식으로 범인을 찾는 것은 육아를 소홀히 하는 부모를 나무라거나, 아니면 보육시설이나 기업을 나무라는 식의 그저 돌고 도는 불만이 되고 만다. 중요한 것은 '어떤 사회를 자신들이 만들어 가고 싶은가'라는 생각이나 인식이다"라고 역설했다.

게다가 참사관은 자신의 영유아기를 다시 돌아보며 잘 놀았던 점을 이야기해 주었다. 인형놀이, 숨바꼭질, 눈으로 성 만들기, 눈사람을 만들거나 눈싸움을 했던 것에 대해 부드러운 미소로 이야기했다.

우리들은 보육교사와 교류도 가지고 싶다는 생각을 하면서 대사관을 뒤로 했다.

※ 이 글은 『보육통신』 2006년 2월호를 기초로 재구성했다.

듣기·받아들이기
―유리아 (아이치·헤키난 패이배코티 원장)

2006년 10월21일 홋카이도에서 오키나와까지 전국에서 모인 보육인 24명은 나리타에서 사전 연수와 숙박을 했다. 그 뒤 22일~29일까지 늦가을의 핀란드를 방문했다. 출발 전에는 추운 나라라는 이미지였는데 실제로는 최저 기온이 0℃, 최고 기온이 10℃ 정도로 밝고 추위도 적당했다. 낮인데도 해는 높이 뜨지 않고 낮게 걸려 있었다.

숲과 호수의 나라라고 불리는 것처럼 정말로 아름다운 나라였다. 자작나무가 많고 황금색 단풍이 참으로 아름다웠다. 나무 향기가 배어 있는 공기가 향기롭게 느껴졌다.

보육행정 · 제도의 개요

첫 활동으로 핀란드 국민연금청(KELA)을 방문했다. 홍보부 직원은 핀란드 전체의 제도·조직에 대해 정성스럽게 설명을 해 주었다. 파란색으로 디자인된 방에 따뜻한 음료와 과자가 준비되어 정부 시설인데도 편안하고 따뜻함이 느껴져 놀랐다. 건물도 유명한 핀란드 건축가 알바 알토(Alvar Aalto. 1898~1976)가 지은 것으로 과연 '디자인의 대국'이라는 느낌이 들었다.

제도 그 자체로서는, 그곳에 살고 있는지 여부를 기준으로 해서 보장되고 있는 점이 일본과 달랐다. 또한 국가 시책으로 10개월까지의 아이는 가정에서 양육하는 것이 기본이었다. 특히 눈에 띄는 시책으로는 모든 아이들에게 국민연금청이 선물하는 '어머니 지원 키트(육아 팩)'가 있다. 이 활동에는 모두가 자부심을 가지고 있는 듯했다.

그 뒤 핀란드 제3의 도시 탐페레 시로 이동하여 시 보육과 담당자로부터 보육행정에 대해 설명을 들었다. 지자체는 패이배코티에 전체 아이들을 수용해야 할 의무가 있다. 만 1세 정도가 되면 거의 모든 아이들이 패이배코티에 들어가는데, 10개월~3세까지 가정에서 양육하는 경우에는 재택육아수당을 준다고 했다.

그다음 날부터 탐페레 시내의 여러 특색 있는 보육시설 열 군데에 각각 2, 3명씩 나뉘어 직접 실습에 참여했다. 나는 열 군데를 다 순회했는데 제도에 관한 설명만으로는 알 수 없는 보육 현장에서의 대처를 보고 많은 것을 깨달았다.

- 인구 : 핀란드　5,276,955명

　　　탐페레 시　206,368명 (2006년 현재)

- 이용 : 월령 10개월 이상

　　　모든 아이들에게 공적 보육을 받을 권리를 보장

- 패이배코티 수 : 공립 82개, 사립 17개

- 보육 시간 : 아이들 1명 1일당 10시간 이내

　　　개원 시간은 통상 6시~18시

　　　탐페레 시내에서 24시간 보육을 하고 있는 곳은 3곳

- 보육자 : 자격은 2종류. 보육교사(teacher)와 보육사(nurse)

　　　보육교사의 배치는 보육자 전체의 1/3 필요

　　　보육교사 자격 취득에는 대학 전문과정 수료가 필요

　　　보육사 자격 취득에는 직업학교의 양성과정 수료가 필요

보육자 배치 기준 (법률에 의함)

	어린이		보육교사 （명）
3세 이하	4	:	1
3세 이상	7	:	1

〈참고〉**일본의 보육교사 배치 기준** (아동복지시설 최저기준)

	어린이		보육교사 （명）
0세	3	:	1
1~2세	6	:	1
3세	20	:	1
4세 이상	30	:	1

- 보육료 : 0~200유로

　　　보호자들이 내는 보육료는 보육 예산의 약 10%

의사를 표현하고 받아들여질 수 있다

유아기 때부터의 관계가 있어서 이런 어른이 되고, 성숙한 사회가 존재하게 되는 흐름이 보였다. 어느 나라의 방법이 좋고 나쁘다는 것이 아니라 지금 일본에 필요한 시각을 핀란드는 보여 준다.

한 사람 한 사람을 인정하는 보육, 한 사람 한 사람의 성장을 소중히 여기는 것에 대해서는 일본의 보육 현장에서도 자주 이야기되고 있지만, 여기서는 그런 점이 구체적으로 이루어지고 있었다. 정성스럽게 한 명 한 명에게 신경을 쓰고 있었다. 그리고 아이들 모두에게 제각각의 의사를 표현할 기회를 많이 주고, 표현한 생각은 확실히 받아들이고 있었다.

예를 들면 아주 어린 아이에게 그림책을 읽어 줄 때 보육교사는 책 두

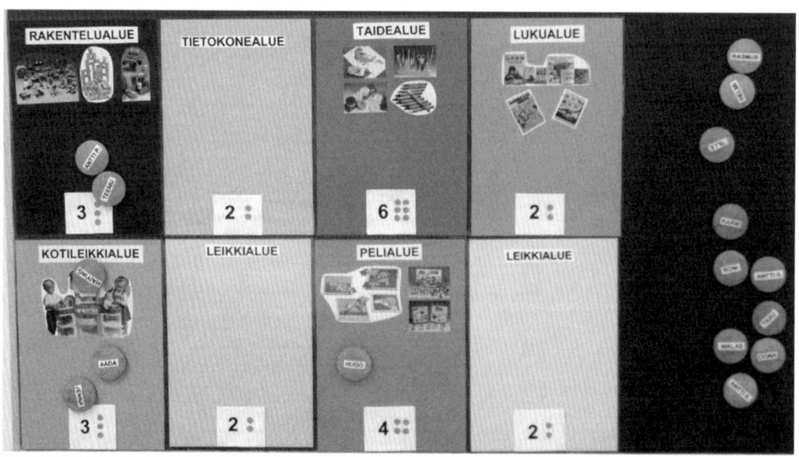

아이들이 있는 곳을 나타내는 게시판. 건축실, 컴퓨터실, 공작실, 숫자실, 소꿉놀이실, 놀이실, 게임 코너 등, 모든 방에는 놀고 있는 사람 수가 기록되어 있다. 빈자리를 봐 가며 이름표 출입 자석으로 자신이 하고 싶은 놀이를 정한다. 아이가 있는 장소를 알 수 있을 뿐만 아니라 실내 놀이를 원활하게 하는 역할을 하고 있다. 핀란드에서는 이러한 게시판이 일반적이다.

권을 가리켜서 아이가 마음에 드는 책을 고르도록 표현할 기회를 주었다. 아이들은 읽어 주었으면 하는 그림책 앞에 쌓기용 나무막대를 올려놓아 의사 표현을 했다. 아무것도 아닌 것 같지만 한 명 한 명이 분명하게 의사 표현을 하고 있다.

유아반에서는 이름을 부를 때 아이의 특징을 파악해서 '이 패이배코티 갓난아이 반에 여동생이 있는 남자아이'라든가, '기초학교 2학년 오빠가 있는 여자아이' 식으로 불렀다. 저마다 자기라는 것을 알아채면 자랑스럽게 앞으로 나왔다.

우리 호이쿠엔에서 이렇게 부르면 보육교사가 이야기하고 있는 도중에라도 알아차린 아이들은 "○○이다" 하고 왁자지껄 떠든다. 그러나 여기서는 알고 있더라도 끝까지 바르게 듣고 있다. 아이들의 이러한 자세가 인상적인데 대단하다는 생각이 들었다.

유아들은 일상 활동을 선택할 때 활동을 색깔별로 표시한다. 아이들은 아침에 모여 이야기를 듣거나 노래를 부른 후 각각의 활동을 나타낸 카드 위에 자신의 이름을 붙이는 식으로 활동을 선택했다. 여기서도 아이들은 모두가 분명하게 의사를 표현하고 있었다.

어느 패이배코티든 실내에서는 아이들이 차분하게 조용히 지냈다. 이는 공공장소에서 다른 사람에게 방해가 되지 않도록 배려하는 유럽 문화일 것이다.

한편으로 아이들은 큰 소리를 내지 않더라도 자기 이야기를 할 기회가 반드시 있고, 제시된 의견은 확실히 받아들여질 것을 알고 있기 때문에 차분한 것이 아닐까 하는 생각이 들었다.

사회 성숙으로 이어지는 자기긍정감·편안한 마음

열 군데를 보면서 느낀 점은 패이배코티의 분위기나 대처는 제각각인 듯하지만 어떤 형태든지 한 사람 한 사람을 세심하게 받아들이고 의사를 존중하는 것이 일상적으로 이루어지고 있다는 것이다. 꼭 나라 전체가 그럴 것 같은 느낌이었다.

어린 시절부터 누구든지 자신의 의사를 표현할 기회가 많고 그것이 분명히 받아들여지는 생활의 체험을 통해 자연스럽게 자기긍정감과 편안한 마음이 길러진다. 그러므로 모두가 본래 가지고 있는 창조력을 자유롭게 발휘할 수 있다.

그리고 반드시 다른 사람에게 받아들여지기 때문에 다른 사람의 의견을 받아들이는 것도 가능할 것이다. 거리에서 낯선 우리들이 길을 물을 때의 반응에서도 그러한 것을 느꼈다. 무엇이든 질문하면 진심으로 가족같이 친절하게 받아들여 주는 느낌이 들었다.

또한 통역이나 보육연수 코디네이터로서 신세를 졌던 후지이 니에메라 미도리 씨, 페트리 니에메라 씨를 비롯하여 국민연금청이나 탐페레 시에서 강의를 해 주었던 모든 분, 우리를 맞이해 준 보육자에게서도 온화하고 여유로운 편안한 마음·안정감을 느꼈다. 패이배코티에서는 어린아이들에게 세심하게 관계하는 어른의 모습이 있었고, 그 결과 이런 어른들이 되어 사회 전체가 성숙한 것처럼 보였다.

'제각각은 제각각 그대로 좋다'며 평가나 비난 없이 우선 받아들이는 것은 물론 당연한 일이다. 그러나 이는 지금 일본에서는 하려고 해도 할 수 없는 현실이 된 것 같다. 이러한 것을 깨달아 어린 시절부터 길러 갈 수 있다면 자연스럽게 기분 좋은 사회가 가능하겠지만, 지금 아이를 기르는 어른들도 그런 경험이 부족하므로 조금은 의식적으로 고쳐 나갈 필요가 있다.

이는 결코 어려운 일이 아니며, 깨닫기만 하면 큰 문제는 안 될 것이라고 생각했다.

차분하게 이야기를 듣는 것부터

일본의 우리 호이쿠엔으로 돌아온 뒤 먼저 5세반 아이들의 소란함이 마음에 걸렸다. 건강하다고도 말할 수 있지만 생각해 보면 아이들끼리 차분하게 이야기를 들어야 한다는 것을 가르치는 시각이 약했다.

이야기를 듣지 않기 때문에 누군가가 한창 이야기하고 있는 도중에 말을 한다. 게다가 큰 소리로 이야기를 하고 있어 반이 아주 소란하다. 지금에 와서야 듣는 것을 집중적으로 가르치고 있다. 계속 그렇게 해 왔다면 말할 나위 없겠지만 깨달은 시점부터라도 할 수 있는 것부터 하면 된다고 생각한다.

유아반에서 소인수 활동의 분반을 했다. 1세 아이에게도 각자의 생

선생님의 흔들의자. 패이배코티의 한 교실에 이야기를 해 줄 때 사용하는 의자가 놓여 있다. 패이배코티 교실에는 의자나 소파가 놓여 있는 경우가 많다. 오후 낮잠 시간 전 이야기를 들려주는 시간에도 이런 흔들의자에 앉아 느긋하게 조용히 책을 읽어 주는 보육자의 모습을 자주 본다고 한다.

각대로 활동을 선택하도록 해보았더니 집중력이 매우 달랐다.

겉으로 볼 때는 작은 모둠으로 해서 한 사람 한 사람을 잘 보고 있는 듯했지만, 한 명 한 명의 소중한 의사는 간과하고 있었다.

"아이들의 이야기를 열심히 듣는" 이러한 어른의 자세를 보고 아이들도 서로의 이야기를 경청한다. 이를 반복하는 가운데 자신이 받아들여지고 있다는 편안한 마음과 자기긍정감이 길러질 것이다. 자기결정의 기회를 많이 가지고 이를 편안한 마음으로 계속해서 표현함으로써 자신의 생각을 지닌 자립적인 사람으로 되어 갈 것이다.

자립적인 사람이 길러지고, 편안한 느낌으로 살아가는 가운데 그곳에 사는 사람들이 평등하다고 여기는 제도나 보장이 정비되어 온 나라가 핀란드라는 생각이 들었다. 실습 후 견학한 임신·출산을 지원하는 '네우볼라' 시스템 등도 그런 것이 아닌가 하고 생각했다. 전국에서 체험연수에 참가한 보육교사들이 각자의 장에서 자신들이 깨달았던 점을 실천해 가는 가운데 최소한의 평온한 안심감을 전할 수 있었으면 하는 것이 나의 바람이다.

※ 이 글은 『보육통신』 2007년 1월호를 기초로 가필·재구성했다.

투오미쿠야 패이배코티
―시마무라 카즈히로(사이타마 · 하모니 호이쿠엔)

피부로 느끼고 싶다

이번 연수에 참가하기로 결정하기 전부터 우리 호이쿠엔에서는 상당한 핀란드 붐이 있었다. 개인적으로는 OECD의 국제학업성취도평가(PISA)에서 상위를 차지한 나라 정도로 알고 있었는데, 웬일인지 핀란드와 관련된 교육이나 마인드 맵 등이 직원 사이에서 화제가 되었다. 그러던 중에 핀란드 패이배코티 체험연수가 이루어진다는 것을 듣고 참가하기로 결정했다.

그럴 만도 한 것이 핀란드 교육 방법으로 이야기되는 '발상력' '논리력' '표현력' '비판적 사고력' '의사소통 능력' 등 다섯 가지는 일본의 사회 문제, 교육 현장의 문제를 생각했을 때 참으로 지금의 일본 아이들에게 부족한 것이라고 생각했기 때문이다. 그리고 그런 교육 방법에 의

해 기르는 핀란드 아이들, 나아가 그런 중요한 시기의 아이와 보육자의
관계도 실제 눈으로 보고 느끼고 싶어서였다.

아침모임. 모둠별로 이루어지며 요일, 날씨, 날짜를 확인한다. 한 명 한 명이 느긋하게 말하는
시간.

성냥곽 같은 작은 상자를 아래로 당기면 아이의 얼굴이 나타난다. 이것이 출석 표시다.

투오미쿠야 패이배코티 소개

이름의 유래	지명에 의함						
설립	2002년						
원아수	68명 3세 미만 23명/ 3세 이상 45명						
연령	0	1	2	3	4	5	6
아이	0	10	13	16	13	14	2
보육자	6			6			
직원수	15명						
직원 체제	원장, 보육교사, 보육사, 조리원, 청소원						
보육 시간	평일 6 : 30~17 : 30						

식사	시간	메뉴
	아침 8 : 00 경 점심 11 : 30 경 간식 14: 00 경	빵, 우유 수프, 빵, 감자, 고기 빵, 우유, 과일
특징 등	요리실, 놀이방, 그림방이 있다. 물웅덩이 바위 등 정원에 있는 자연물을 아이들이 노는 곳에 최대한 도입하고 있다.	
실습반	3세 이상 반 45명. 담당 보육자 6명. 보육교사 한 명에 5~6명씩 그룹으로 나누어 활동	

실습 흐름

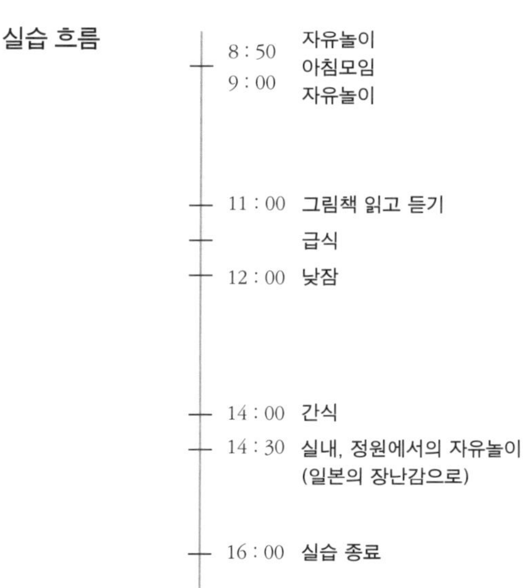

보육 시스템의 개요

한편 실제 핀란드에서 보육과 담당자의 이야기를 듣고 각 시설들을 견학하면서 많이 놀라고 감탄했다. 우선 핀란드 패이배코티에서는 3세 이상, 3세 미만 반으로 나누어 서로 다른 보육 형태를 취하였다. 직원 배치는 3세 이하는 아이 네 명당 직원 한 명, 3세 이상은 아이 일곱 명당 직원 한 명이 기준이다. 직원은 교사 자격 직원(teacher, 자격 취득은 대학에서의 공부가 필요)이 전체의 30~40%, 나머지 60%가 이른바 보육사 자격(고교 졸업 후 직업학교에서의 공부로 취득)으로 되어 있다.

대부분의 아이는 1세가 될 무렵에 패이배코티에 들어오지만, 10개월 미만이면 들어올 수 없다는 규정이 있다. 희망일 4개월 전에 신고서를 내면 들어갈 수 있는 시스템이며 대기 아동의 문제는 없는 듯하다. 그리고 보육 시간은 오전 6시에서 오후 6시까지, 아이 보육 시간은 10시간으로 법률로 정해져 있는 것 같다(탐페레 시에서는 24시간 개원 패이배코티가 세 곳이 있다. 부모는 패이배코티에서의 보육 서비스, 또는 재택 보육 서비스를 받는 것도 가능하며 수당이 지급된다).

그리고 가장 인상 깊었던 것은 태어나서부터 15세까지 모든 아이들의 성장이 기록되어 정보를 공유할 수 있는 구조로 되어 있다는 점이다. 이는 아이가 성장하고 학습하는 것을 지원하기 위한 시스템이라고 하는데, 이 연대와 제휴는 일본의 보육·교육 현장이 가장 생각해야 할 점이라고 느꼈다.

교실에서는 아이들이 자유롭게 컴퓨터를 켜고 조작했다. 유아용 컴퓨터 같았는데 마우스 조작도 익숙하다. 컴퓨터 주변을 아이들 몇 명이 둘러싸고 있었으나 서로 하려고 다투는 모습은 전혀 보이지 않고 각자 컴퓨터 게임을 즐기고 있었다.

보육실 내에 있는 자유 그림 코너. 그림을 그리려는 아이가 그리고 싶도록, 그리고자 하는 것만 그리는 곳. 그림을 다 그린 뒤 아이들의 만족스러운 듯한 얼굴이 아주 인상적이었다.

아이들 몇 명씩 모둠을 이루어 활동하고 있다. 요리실에서 빵을 반죽하는 아이들.

놀이실에서 하키를 즐기는 아이들. 프로리그도 있는 아이스하키는 아이들에게 대인기다. 핀란드 남자아이의 장래 희망직업에서 1위는 경찰관이나 아이스하키 선수라고 한다.

유아반의 낮잠 시간 모습. 보육자가 기타를 쳐 주고 그 음률을 들으며 휴식을 취한다.

육아와 보육에서의 평등관

이러한 예비지식을 가지고 짧은 영어로 실습을 하게 되었다. 그러나 앞에서 말한 것처럼 일본에 비해 두세 배 가까운 직원 배치와 아이들이 활동할 수 있는 방, 그리고 도구를 보며 나는 '아이들이 하고 싶은 것을 하도록, 하고 싶은 만큼 하게 한다'는 인상을 받았다.

모든 곳에 강제는 없었으며 숲과 호수로 둘러싸인 산책길이나 추위를 이기는 진흙탕 놀이도 놀라운 것이었지만, 그 이상으로 핀란드의 '평등관'이 무엇인지 여실히 보여 준 실습이었다.

그 외에도 어머니 지원 세트(육아 세트), 각종 수당과 의료비, 교육비가 무료인 후한 육아보장, 네우볼라의 지원 등 일본인의 가치관에서 보면

추위를 이기는 진흙탕 놀이. 기온은 5도. 그렇더라도 아이들은 진흙탕 놀이를 매우 좋아한다.

놀라움의 연속이어서 나라 전체가
육아에 대해 진지하게 노력하고 있
음을 통감했다.

절대적인 애착 관계

그러면 일본과 핀란드는 도대체
무엇이 다른 것일까? 핀란드에 있
는 것 중에서 일본에 없는 것이 무
엇인지 생각할 때 그것은 어른과 아

배 모양의 옷 정리장.

이의 절대적인 애착 관계라고 생각한다.

제도적으로나 사회 전체적으로나 핀란드에는 아이가 사랑받는 환경
이 당연한 것처럼 되어 있다는 생각이 들었다. 학력 평가 결과가 우수하
게 나온 것도 어른과 아이의 바람직한 애착 관계 때문에 가능하지 않았
을까 하고 생각했다.

제도를 근본에서부터 생각하지 않으면 안 되고 또한 문화적인 문제
도 있을 터이므로 무조건 따라 하는 것이 능사는 아니다. 그러면 보육자
로서 무엇을 할 수 있을까…….

이번 연수를 통해 아이들이 앞으로 성장해 가는데 영유아기가 특히
중요하다는 것을 재인식하게 되었다. 지금부터 하루하루의 보육 과정
에서 아이들에게 어떤 영향을 끼칠 수 있을까?

연수 전에는 일본 아이들에게 부족하다고 생각했던 '발상력' '논리

패이배코티 뒤편의 산책길. 왼쪽에는 호수, 오른쪽에는 숲. 문득 쳐다보면 다람쥐도 산책하고 있다. 자연에 둘러싸인 멋진 산책길.

력'·'표현력'·'비판적 사고력'·'의 사소통 능력'을 충실화하기 위해서 어떻게 하면 좋을지, 그 구체적인 형태는 잘 모르겠지만 우리 보육자 한 사람 한 사람이 '모든 것은 아이들을 위해서'라는 생각으로 하루하루 아이들과 관계해 가는 속에서 무언가를 파악해 낼 수 있지 않을까 하고 생각했었다.

아이들에게 아주 중요한 시기에 관계할 수 있는 보육자라는 점에서 긍지를 느꼈고, 아이들과 하루하루를 소중히 지내고 싶고, 그들을 다시 주시해 가고 싶다는 느낌을 받은 연수였다.

※ 이 글은 『보육통신』 2007년 1월호를 기초로 재구성했다.

네칼라 패이배코티

―코바야시 쥰코(도쿄 · 미츠바라 호이쿠엔)
  모리시타 유키요(오사카 · 이쿠와시라사기 학원 이마바야시엔)

하루 생활과 아이들

아침 8시 반 핀란드의 아침은 아직 어스름하다. 이 첫 체험의 나라에서 바로 어제 만났던 보육자 두 명과 실습을 하게 된 곳은 탐페레 교외의 네칼라 패이배코티였다. 하얀색 문을 열고 들어가니 너무나 차가웠던 바깥공기를 잊을 정도로 따뜻한 노란색 벽과 잘 손질된 관엽식물이 눈에 확 들어왔다.

이럭저럭 사무실을 찾아내어 손짓발짓으로 말하고 있으니 원장 선생님이 "모임에 갑시다" 하고 불렀다. 아이들과 직원이 모두 나와 우리를 환영해 주는 모임을 열어 주었다.

모임을 마치고 드디어 나는 한 살부터 세 살까지로 이루어진 3세 이

하 반의 보육 실습생이 되었다. 전
문 보육교육을 받지 않은 내가 처음
실습을 핀란드에서 한다는 것은 참
으로 멋진 일이었다.

아침 6시부터 패이배코티가 시작
하여 아이들은 아침 식사도 패이배
코티에서 먹었다. 그러나 하루의 시
작은 역시 9시 학급 모임부터인 듯
하다. 세 살 이하 반이기 때문에 발
달차가 현저하게 다른 연령 집단이

이날 아침모임에서 사용했던 카드와 아이들의
이름 카드.

아침모임 풍경. 자기 이름 카드를 붙인 아이는 조용히 바깥놀이 준비실로 이동한다.

네칼라 패이배코티 소개

이름의 유래	지명에 의함	
설립	1951년	
보육 방침	적극적으로 아이들의 목소리에 귀를 기울이고, 다른 사람들의 요구를 바탕으로 입안한다.	
원아수	84명(프리스쿨 4명 포함)	
직원수	17명	
직원 구성	원장 1명　보육교사(teacher) 5명　보육사(nurse) 8명 급식 직원 1명　청소 직원 2명	
보육 시간	평일 6:00~17:00　휴원 : 토, 일	
식사	시간	메뉴
	아침　8 : 00 경 점심　11: 30 경 간식　14: 00 경	빵, 우유, 콩 수프 빵, 죽 등
특징 등	넓은 정원에 나무가 있음	
실습반	1~3세아 (20명) : 코바야시　　2~5세아 (20명) : 모리시타	

실습 흐름

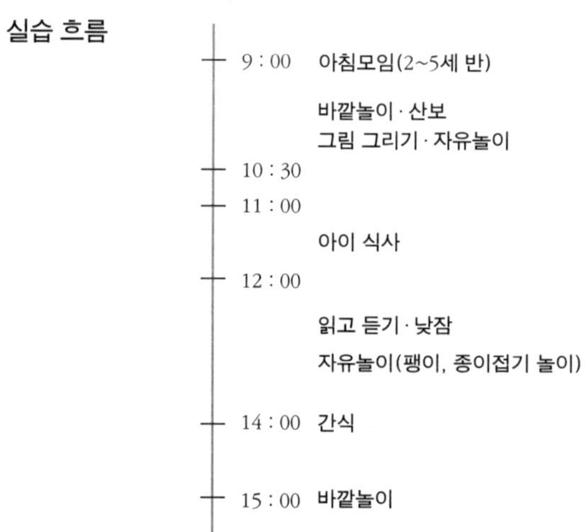

다. 그러나 담당 보육사가 자석칠판 옆 의자에 앉자 아이들은 선생님의 자세를 보고 판단한 것인지, 아니면 정해져 있는 것인지 아무런 지시도 하지 않았지만 모두 의자에 앉아 자세를 갖추었다.

모임의 시작은 역시 노래. 반주 없이 보육사가 "시작" 하고 노래를 시작하면 아이들도 같이 부르고 조용한 곡이 끝난다. 그런 뒤에 자석칠판에 '버스' '화장실' '친구들'과 같은 카드를 한 장씩 붙였다. 아이들은 카드의 이름을 입을 모아 말하고 마지막으로 보육사와 함께 이름을 확인하며 다음으로 넘어간다.

그런 다음 아이의 이름이 철해져

네칼라 패이배코티 아이들은 모두 '자기 변기'를 갖고 있다.

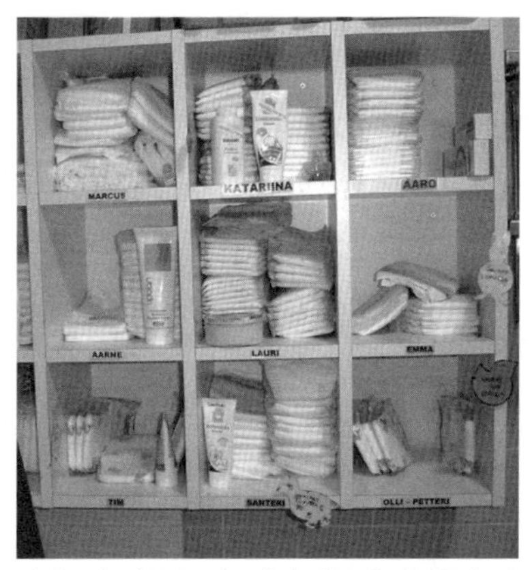

핀란드의 겨울은 건조하기 때문에 아이들의 피부 관리에 소홀해서는 안 될 것이다. 개인 선반에는 각자의 피부 보호 크림이 있다.

있는 카드를 조용히 보여 주면 자신의 이름을 발견한 아이가 큰 목소리로 자기 이름을 말한 뒤 카드를 칠판에 붙이고 방을 나간다. 아이들 중에는 잘 모르는 경우도 있지만, 곁에서 아이들이 가르쳐 주기 때문에 알게 되는 것 같다.

이 시기부터 문자 교육인가 하고 생각을 했다. 그러나 문자에 흥미를 느끼는 시기와 가르치는 시기가 꼭 일치하는 것은 아니라는 점을 파악하고 있는 듯했다. 생활처럼 자연스럽게 즐기는 방법으로 보였다.

순서대로 나간 아이들은 자기 변기나 화장실에 들른 뒤 건조실에서

바깥놀이 준비가 된 아이는 계단에서 기다린다.
모두 준비가 끝날 때까지 기다리는 동안 꾸벅꾸
벅 졸고 있는 아이도 있다.

바깥놀이 준비를 시작했다. 그것은 생활의 흐름으로서 모두가 알고 있는 듯했다.

오전과 오후 하루 두 번의 바깥놀이는 일과라고 한다. 기온이 아무리 내려가도 비가 오더라도 빠지는 경우가 없지만 바람이 부는 날에는 방 안에서 지낸다고 한다.

핀란드는 하루 보육 시간이 최장 10시간을 넘어서는 안 된다는 규칙이 있다. 그 때문에 오후 3시 정도 되면 귀가가 시작된다. 매일 2시간 가까운 시간을 옷 갈아입는 데 쓴다는 것을 생각하면 바깥놀이는 무슨 일이 있어도 빠뜨려서는 안 되는 중요한 놀이라고 아이들은 생각하는 것 같다.

식사 메뉴는 아주 단순한 것인데 아이들은 잘 먹었다. 더 먹을 때는 직접 가지러 가며 디저트 중 과일 등은 먹고 싶은 아이만 가지러 간다. 아이가 더 먹으려고 급식대에서 음식을 담을 때 보육사나 근처에 있는 아이가 돕기도 하지만, 기본적으로는 나이에 관계없이 자신의 생각대로 식사를 하고 있는 것 같았다.

한편 낮잠 시간에는 눈이 휘둥그레질 정도로 잘 고안된 벽수납식 2단 침대가 갑자기 등장했다. 펼쳐진 침대 가운데에는 패이배코티의 세탁실에서 세탁된 시트와 담요가 세트로 연결되어 있어 아주 합리적이다.

아이들은 벗은 옷을 벤치나 침대에 자기 나름대로 개어 두고 침대에 들어가는데 팬티 한 장만 달랑 입은 모습이다. 두 명 정도가 반소매 셔츠를 입고 있었는데 아마 그건 본인 희망인 듯하다. 그렇게 껴입고 밖에 나갔는데 방 안에서는 벌거벗은 것과 다름없어 그 차이에 놀랐다. 태양과 만날 일이 적은 나라의 자율신경 단련법인지 모르겠다고 생각했다.

낮잠 시간에 좀처럼 잠이 들지 않는 아이가 네 명 있었다. 아이들은 왔다 갔다 했지만 결코 소란스럽지 않았으며, 일찍 잠을 깬 아이들도 조용히 있는 것을 보고 감탄했다. 거기에는 아무래도 규칙이 있는 것 같았다.

1시 50분에 보육교사가 블라인드를 열자 잠을 깬 아이는 침대에서 내려와 조용히 옷을 갈아입고 옆방으로 가서 조용히 놀았다. 2시가 넘자 보육교사가 배경음악 볼륨을 높이자 깨어난 아이가 소리를 내고 놀기 시작했다. 사람에게 폐를 끼치지 않는다는 규칙에, 그리고 자신은 이럴 때 어떻게 하는지를 세 살이 지나면 몸에 익힌다는 것에 나는 완전히 감탄했다.

어른들의 관계

네칼라 패이배코티도 그렇고 다른 패이배코티에서도 아이들은 매우 조용하다고 한다. 보육자가 큰 소리를 내는 경우는 한 번도 없었다. 일하는 사람이 많아 아이들 옆에서 작게 말하는 것이 아니라, 대부분의 장면에서 보육자는 아이들을 지켜보고 아이들의 요구에 응해서 도움을 주는 자세였다.

일본의 요치엔(幼稚園)이나 호이쿠엔과 가장 큰 차이라면 그것은 아이들 집단과 어른과의 관계라는 생각이 들었다.

보육자가 주도권을 갖고 시간을 쓰는 것은 아침모임뿐이고, 이후의 생활 흐름은 거의 정해져 있어서 아이들도 주체적으로 움직이고 어른들은 그것을 도와주는 분위기였다.

바깥놀이 준비로 한 살 된 아이가 바지를 입으려고 필사적으로 바둥거리고 있어도, 그 사이에 다른 아이의 준비가 다 끝났더라도 전혀 도와주지 않는다. 아이가 보육자의 도움을 구할 때까지는 내버려 둔다. 놀 때에도 의자에 앉아 지켜볼 뿐, 보육자가 같이 놀아 주는 모습은 볼 수 없었다.

이런 식으로 글을 쓰면 보육실에는 따뜻한 온기가 없는 것처럼 느낄지 모르겠다. 그러나 나는 오히려 가정적인 따뜻함을 느꼈다. 낮잠에서 깨어난 여자아이가 잘 때 풀어 놓았던 머리띠를 보육교사에게 보여 주니 엄마처럼 다정하게 머리를 묶어 주었는데, 그 모습은 마음을 훈훈하게 했다.

한 아이가 친구에게 전동차를 빼앗겨 울었다. 그러자 보육교사는 울고 있는 아이에게 전동차를 다시 돌려주고 등을 다정하게 쓰다듬어 진정시켰다. 그런 뒤, 빼앗은 아이를 계속 안고 무언가 말을 하며 그 아이가 내리겠다고 말할 때까지 그렇게 하고 있었다.

핀란드는 보육자와 아이의 비율이 1세 미만은 4:1, 1세 이상은 7:1로 일본과 달리 충분히 배치되어 있다. 내가 실습한 1~3세 20명 정원 반에는 3명의 담당자가 있었다. 그러나 아이들에게 항상 3명이 있는 것은 아니었다. 11시간의 보육시간을 3명으로 꾸려나가야 하는 듯한데, 대부분의 시간은 보육자가 두 명 밖에 없었다.

아이들이 낮잠을 자고 일어날 때 한 보육자는 아이를 돌보고 침대를 정리하며, 다른 보육자는 옆방에서 간식 준비와 배식을 도왔다.

여기서 재미있었던 점은 침실 정리를 끝낸 보육자가 할 일이 없더라도 옆방에서 바쁘게 일하고 있는 동료를 도우러 가지 않고 의자에 앉아 있다는 것이다. 그 이유는 머지않아 알게 되었다. 간식을 먹은 아이가 순서대로 이쪽 방으로 놀러 오는 것을 기다리기 위해서였다. 다 먹은 아이들은 보육자의 품속으로 달려가기도 하고 말을 걸다가 각자의 놀이 속으로 들어갔다. 그리고 보육자는 아이들을 조용히 지켜보고 있었다.

느긋한 사회 속에서

이번 연수 여행은 아주 힘들어서 관광 시간은 거의 없었다. 유일한 자유 시간은 6일째 오후, 헬싱키 교외 아라비아 사 공장에 식기를 보러 간 것이었다. 알뜰 구매품 몇 개를 손에 들고 카운터에 줄을 섰던 나는 깜짝 놀랐다. 내 앞의 한 남자는 약간의 물건을 바구니에 넣고 줄을 서 있으면서도 5분이나 기다렸던 것이다. 내 뒤의 사람들도 아무렇지도 않은 듯했다. '그런가. 이 나라는 기다리는 나라구나. 누구도 조급하게 움직이지 않고 사회 전체가 느긋하구나' 하고 절감했다.

20명의 아이들이 두 명의 보육자와 물 흐르듯 평온하게 지내는 네칼라 패이배코티와 그것을 둘러싼 사회가 하나가 되어 보였던 한때였다.

잊을 수 없는 이야기

네칼라 패이배코티 실습 전에 탐페레 시 보육과장의 강의가 있었다. 내가 다른 많은 나라들처럼 취학 연령을 6세로 낮출 의향은 없는지 질문했더니 온화한 여성 과장은 이렇게 대답했다.

"아이들에게는 노는 시간이 필요합니다. 아이들은 아이들답게 지내는 것이 좋다고 생각합니다."

이어서 그는 "기초교육의 목적은 아이들 스스로 자신은 이렇게 하면 할 수 있고, 시간을 들이면 할 수 있다는 것을 알게 하는 것입니다"라고 덧붙였다.

이 이야기로 핀란드의 아동관을 알게 되었다. 느긋하게 성장하는 것이 건강하게 성장해 가는 것이라는 것을 새삼 마음에 새기게 되었다.

단지 1주일 동안 슬쩍 본 핀란드의 아이들과 사회. 분명 핀란드의 극히 일부분만을 관찰한 것에 지나지 않는다고 생각한다. 그러나 아이들에 대한 어른의 책임으로서 우리들이 선택해야 할 길을 생각할 때 복지국가 만들기를 선택한 이 나라를 방문한 것은 크게 도움이 되었다.

성과주의와 경쟁이 미래를 담당할 아이들의 교육과 보육 세계까지 스며드는 듯한 일본이 정말로 걱정스럽다.

(코바야시 쥰코)

말이 안 통해도

네칼라 패이배코티는 녹음에 둘러싸여 있었다. 넓은 정원은 목제 놀이기구가 설치되어 있었는데 부러운 환경이었다. 이 패이배코티는 토·일요일은 쉬고, 평일에는 6시부터 17시까지 보육한다. 아침 일찍부터 등원하는 아이들을 위해 8시쯤에는 아침 식사가 준비된다.

우리들이 방문한 것은 8시 30분쯤이었다. 대부분의 아이가 등원했고 보육자는 아침 식사 정리를 하고 있었다. 패이배코티 안의 견학을 마치고 나는 스무 명으로 이루어진 2~5세 반에 안내되어 이 반에서 실습하게 되었다. 옆에는 프리스쿨(취학전 교육)이 있어 아이 여섯 명과 선생님 한 분이 지내고 있었다.

실습하는 반에서 영어를 할 수 있는 사람은 보육교사뿐이었다. 보육사 두 명과 보조 한 명은 핀란드어 밖에 말하지 못했다. 나 자신도 영어는 전혀 안 되었는데, 하물며 핀란드어야…….

말이 통하지 않아 불안한 마음으로 보육실에 들어갔다. 아이들은 내 얼굴을 보고 웃으며 친구들과 무언가 말을 나누기도 했고, 작은 아이들은 여러 가지 표정을 지으며 보육자 뒤에 숨기도 했다. 반에서 자기소개가 끝나자 회의실로 이동하여 우리들은 자기소개를 했다. 일본이란 나라에서 비행기를 타고 왔다는 것을 알려 주고, 지구본에서 일본의 위치를 확인시켜 주었다. 아이들은 노래와 인사 게임을 보여 주었다.

끝나고 보육실에 돌아오니 아이들이 말을 걸어오기도 했고 손을 잡으려고도 했다. 말을 걸어왔지만 웃는 것과 고개를 갸웃거리는 것밖에 할 수 없었던 나는 '우선 이름부터!'라는 생각이 들었다. 내 이름을 가르쳐 주고 아이들의 이름을 외워 부르는 식으로 아이들과 친해지려고 노력했다.

이름 하나도 발음하기가 어려웠지만 아이들은 말할 수 있을 때까지 몇 번이고 반복하여 가르쳐 주었다. 내가 제대로 말할 수 있게 된 순간에는 아이들의 얼굴에 웃음이 가득했다.

말이 안 통하더라도 이렇게 좋은 사이가 될 수 있는 아이들이 대단하다고 생각하면서, 오히려 말이 통하지 않아서 이렇게 즐거운 시간을 공유할 수 있게 되었다고 생각했다.

급식 모습. 식사 예절도 확실히 배워 모두가 예의 바르게 먹고 있다. 이날 메뉴는 콩 수프·빵·우유였다.

급식과 간식

11시가 넘자 급식 준비가 시작되었다. 당번인 아이 두 명이 앞치마를 두르고 컵과 스푼을 테이블 위에 가지런히 놓고 두 살 된 아이들에게 수프를 나눠 주었다. 메뉴는 빵·우유·수프로 아주 간단했다. 3세 이상의 아이들은 직접 수프를 가지러 갔다. 보육자는 반드시 한 명 한 명에게 먹을 수 있는 양을 물은 뒤에 수프를 주었다. 그리고 더 먹고자 하는 아이는 직접 보육자에게 말했다. 아이는 음식을 받으면 분명히 인사를 하는 것도 알고 있었다. 다 먹으면 식기를 정리하고 자일리톨 껌을 씹는다.

급식은 급식센터에서 운반되어 와서 음식을 데우거나 자르는 조리과정의 수고를 덜어 주기 때문에 조리 직원은 한 명이다. 그 외 아침 식사로는 빵이나 포리지(오트밀을 우유나 물로 끓인 죽), 간식으로는 점성이 있는 요구르트나 과일이 나온다.

보육실에 있는 수납식 2단 침대. 수납식이어서 좁은 보육실에서도 사용하기 편하다. 아이들은 자기가 좋아하는 색깔의 베개 커버를 골라 사용하고 있다고 한다.

낮잠

급식이 끝나면 프리스쿨 아이들 이외는 낮잠을 잔다. 다른 보육자는 아이들이 급식을 먹고 있는 동안에 옆방 보육실 커튼을 닫고 수납식 2단 침대를 꺼내 낮잠 준비를 한다. 아이들은 화장실을 다녀온 후 입었던 옷을 자기 바구니에 바르게 개어 넣고, 속옷과 티셔츠를 입고 침대에 들어간다. 보육실은 난방이 되어 있어 얇은 옷 정도로도 괜찮은 것 같았다.

아이들이 침대에 들어가면 약간 어둑한 가운데 보육교사는 책을 읽어 준다. 떠드는 아이 하나 없이 조용히 듣는다. 보육자의 조용한 목소리가 자장가처럼 들려 부지불식간에 모두가 잠이 들었다. 2시 정도에 일어나 옷을 갈아입고 오후 간식을 먹는다.

바깥놀이

오전과 오후에 한 번씩 바깥놀이를 한다. 오전 중에는 가까운 공원에

오후 정원 놀이의 한 장면이다. 비가 막 개었는데도 일부러 비탈진 곳을 그대로 데굴데굴 구르며 크게 웃는다. 옷도 장갑도 진흙투성이가 되어 재미있게 놀고 있었다.

산책하러 가거나 정원에서 놀고, 오후는 3시 무렵부터 정원에 나가 놀면서 부모님 마중을 기다린다. 아이들 놀이는 일본 아이들의 것과 비슷하다. 아이들은 소꿉놀이나 술래잡기, 숨바꼭질, 피구 등 넓은 정원을 마음껏 달리면서 활발하게 논다. 핀란드에 있는 동안 비가 오거나 잔뜩 흐린 날씨로 추웠는데, 날씨 때문에 바깥놀이를 하지 않는 일본과는 달리 적극적으로 바깥놀이를 하고 있는 점에 놀랐다.

가까운 공원에 갔다. 노래를 부르면서 손을 잡고 갔는데 10분 정도 걸려 도착했다. 도중에 차를 한 대 만났지만 아이들이 우선이기 때문에 서두를 필요 없이 안전하게 걸을 수 있었다.

무엇보다 인상적이었던 점은 바깥놀이를 위한 준비였다. 바깥에 나가기 위해서는 우선 복도에서 일본 겨울옷과 비슷한 느낌의 옷을 입고 두꺼운 신발이나 장갑이 달린 모자를 쓴다. 다음으로 건조실에 걸려 있는 스키복 같은 방수 방한복을 입고 고무 재질의 바지를 입고 장화를 신는다. 마지막으로 고무 재질의 벙어리장갑을 끼면 완료. 전원이 준비를 마치기까지 30분은 걸렸다.

우리가 볼 때는 움직이는 데 힘들어 보이지만 아이들은 아무렇지도 않게 어린이용 스쿠터를 타거나 삽으로 능숙하게 흙을 팠다. 아이들은 진흙투성이가 되면서 재미있게 놀았다.

그 옆에서 보육자는 아이들을 지켜보고 있었다. 놀고 있을 때에는 필요 이상으로 관여하지 않는다. 뭔가 일이 있어서 아이들 쪽에서 요구할 때 응하고, 또한 아이들의 상태를 빈틈없이 주시한다. 뭔가 일이 생기면 바로 대응한다.

이틀이라는 짧은 실습 기간이었지만 보육자 모두가 너무나 친절하게

건조실이다. 바깥놀이나 통원할 때 맨 나중에 입는 방수 방한복과 장화, 고무장갑을 여기서 말린다. 안은 꽤 따뜻하기 때문에 바깥놀이 준비하는 것만으로도 땀이 난다.

건조실 앞에 설치되어 있는 개인용 선반이다. 방수 방한복 속에 입는 윗옷이나 모자나 털장갑, 가방 등을 놔둔다. 입고 벗기 좋게 목제 벤치가 놓여 있다.

실습을 마치고 아이들과의 이별. 오른쪽부터 원장 선생님, 필자 모리시타, 코바야시.

대해 주었고, 실제 핀란드 보육 현장을 접하면서 많은 것을 깨달았다. 우리들 자신의 보육을 반성하는 좋은 기회가 되었다.

네칼라 패이배코티에서는 보육 흐름이나 아이들의 활동이 아주 원활하다고 느꼈다. 그것은 보육자 동료끼리 아무 말 하지 않더라도 다음에 자기가 해야 할 일을 파악하고, 가령 옆방에서 아이들을 기다릴 준비를 확실히 하는 식의, 바로 그러한 보육 활동이 아이들의 움직임을 원활하게 한다고 생각이 들었다.

한 가지 더 인상적이었던 것은 보육자 모두가 큰 소리를 내지 않고 세심하게 아이들에게 말을 건네는 것이다. "아이들 한 명 한 명의 의견이나 기분을 묻는다"는 것을 몸소 실천하고 있었고, 어느 연령의 아이들에게도 똑같이 대하고 있었다.

또한 아이들도 말하고 싶은 것이 있으면 손을 들고 의견을 말한다. 다른 사람 앞에서 말하는 것이 서툴러 여간해서 잘 말할 수 없을 때에도 결코 서두르지 않고 느긋하게 들어준다. 그 때문에 다른 아이들도 조용히 기다릴 수 있다.

일본에서는 평소 시간에 쫓겨 자신도 모르게 "빨리, 빨리" 하며 아이들을 서두르게 하는 경우가 많았다. 여유를 가지고 느긋한 기분으로 아이들과 관계하고 한 명 한 명에게 정성스럽게 대하는 것이 기본이라는 것은 알고 있지만 잘 실천되지 않는 현실을 새삼 깨닫게 되었다. 핀란드와 일본이 환경의 차이는 있지만 이번 실습에서 배운 여러 가지 것을 지금부터 보육에서 되살리고자 한다.

(모리시타 유키요)

칼레반하르유 패이배코티

—오키야마 미도리(도쿄·키쿄 호이쿠엔)
　사쿠라 아사미(히로시마·사쿠라 호이쿠엔)

　우리 두 명은 탐페레 시에서 가장 오래된 칼레반하르유 패이배코티에서 실습을 했다. 아직 어스름한 아침 8시 반이 지나 호텔에서 소형 버스를 타고 패이배코티로 향했다.

　버스 안에서 핀란드어 인사를 연습했다. 우연히 몇 사람과 같이 탄 버스에서 우리들은 가장 앞자리에 앉았다. 몇 년 만에 경험하는, 가슴이 두근두근한 감정을 나만 느끼지는 않았을 것이다.

　그런 생각을 품고 패이배코티 문으로 들어갔다. 마치 공원같이 넓은 대지 한 모퉁이에 패이배코티가 있었다. 오래된 목조 건물과 실내 가구나 완구 등은 소박함과 함께 오랜 시간 동안 소중히 사용되어 온 역사의 무게가 느껴졌다.

　이번 연수에서는 아이들의 놀이나 생활을 위한 물적 환경, 아이들에

아주 예쁜 외관의 패이배코티다. 80년 역사의 패이배코티로 보이지 않고 아주 세련된 건물로 보인다. 건물 구석에는 나무들이 무성하고(거의 숲처럼 보였다), 꽤 많은 놀이기구가 설치되어 있다. 그러나 아이들은 놀이기구에서 노는 것보다도 정원 내에 있는 자연 그대로의 높은 경사면이나 물웅덩이에서 더러워지는 것에 개의치 않고 역동적으로 노는 것을 즐겼다.

대한 보육자의 관계 방식, 직원의 연대 방식에 중점을 두고 관찰했다.

자기가 좋아하는 놀이를 한다

패이배코티 안에는 1·2세와 3·4·5세 두 그룹으로 방이 나눠지고, 각각의 방에서는 식사나 낮잠 등이 이루어진다. 방마다 식사하는 곳과 자는 곳이 따로 있다. 식사나 낮잠을 자지 않는 시간에는 그곳이 놀이 장소가 된다(수납식 침대는 소형으로 사용하기 좋은 것이었는데 인상에 남는다). 아침에 등원한 아이들은 각자 놀이를 시작한다. 놀 때는 복도나 소꿉놀이 방을 자유롭게 오가며 다른 연령의 아이들과 같이 놀았다.

복도 모퉁이에 있는 벽장 아랫단은 블록이나 쌓기용 나무막대가 들어 있는 곳이다. 그 상자를 꺼내면 딱 좋은 빈 공간이 생긴다. 그곳에 깊숙이 들어가 보니 조용히 블록을 만들고 있는 남자아이가 있었다.

아장아장 걷는 여자아이가 소꿉놀이 방에서 작은 자동차에 인형을 태워 좁은 복도로 지나가는데 전혀 부딪히지 않았다. 주변에 있는 아이들이 옆으로 피해 주기 때문이다.

자기 방으로 돌아와 공을 가지고 노는 아이, 책을 읽는 아이, 방에 있는 소파에 앉아 편히 쉬는 아이도 있다. 크고 작은 아이들은 자기가 좋아하는 놀이를 원하는 곳에서 느긋하게 즐기고 있었다.

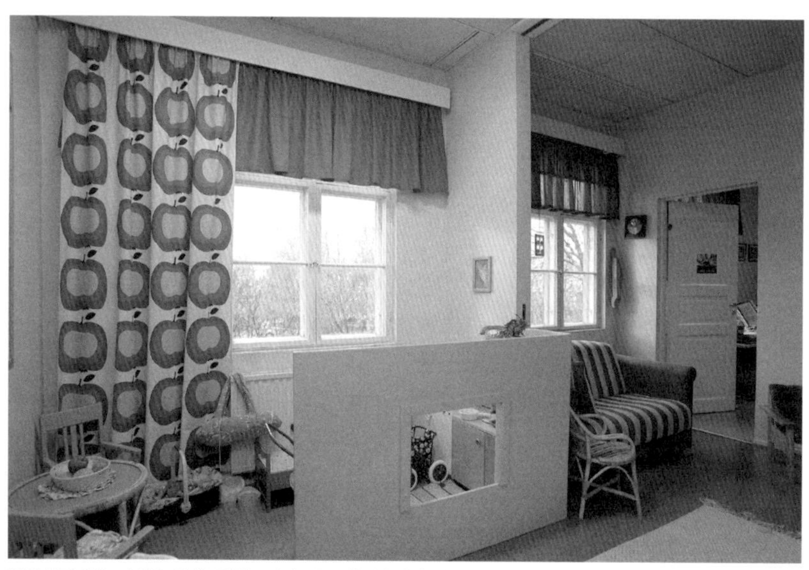

칸막이가 있는 소꿉놀이실. 탁자, 의자, 유모차, 부엌이 있다.

칼레반하르유 패이배코티 소개

이름의 유래	지명에 의함 하르유=언덕							
설립	1926년 (창립 81년)							
보육 방침	여기 아이들이 안전하고 행복하다면, 우리도 행복하고 부모들도 행복할 것이다.							
원아수	35명 3세 미만 12명/ 3세 이상 23명							
연령	0	1	2	3	4	5	6	계
아이	0	3	9	4	6	5	8	35
보육자	3			4				7
직원 체제	보육자 7명 (유자격자 2명/ 무자격자 5명)/ 조리 1명/ 용인 1명							
근무 체제	한 주간의 노동 시간이 정해져 있기 때문에 1일 7시간 39분 근무 9시부터 1시간씩 늦게 출근함.							
보육 시간	평일 6:30~20:00 / 토, 일 휴원							

식사	시간	메뉴
	아침 8 : 00 경 점심 11 : 30 경 간식 14 : 00 경 저녁 17 : 00 경 야식 19 : 00 경	빵 케이크, 우유 수프, 빵, 야채 또는 과일, 우유, 자일리톨 빵 케이크, 과일, 우유
특징 등	탐페레 시에서 가장 오래된 패이배코티. 정원이 가장 넓다.(주변에 묘지 등이 있고 지역이 보호되고 있음)	

실습 흐름

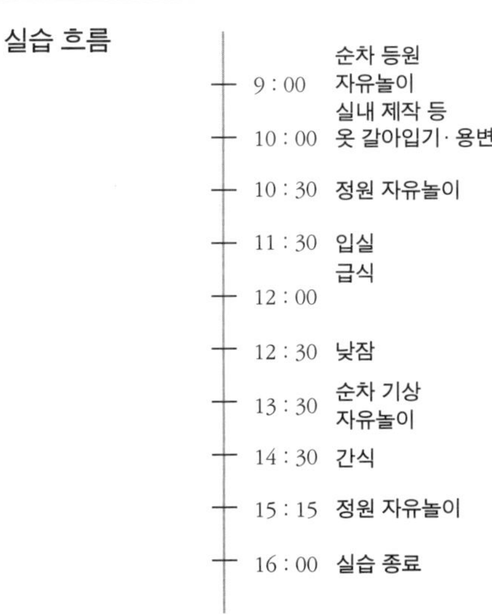

미끄럼틀 아래에서 모래놀이.

역동적인 정원놀이

바깥놀이 준비

핀란드 패이배코티에서 놀이의 중심은 뭐니 뭐니 해도 정원에 나가는 일이라는 것을 실감했다. 오전·오후 2회, 1시간 반에서 2시간 정도 맘껏 논다. 실내에서 입던 옷 위에 방한용 바지·스웨터를 겹쳐 입고 거기에 위아래가 연결된(물이 스며들지 않는) 옷을 입는다. 털양말과 모자, 장갑(털장갑과 방한용 장갑)을 겹쳐 끼고 장화를 신고 겨울을 즐기기 위한 옷차림을 한다. 우리가 방문한 10월은 막 추워지기 시작하는 초겨울 시기로 영하 4도가 될 때도 있었다.

이렇게 옷차림 준비를 하는 가운데 아이들을 위해 세심하게 배려하고 디자인한 것들을 볼 수 있었다. 아이들 한 명 한 명의 선반은 목제로 등원용 가방이나 갈아입을 옷이 놓여 있다. 고리에 옷걸이가 걸려 있어 옷을 건다. 큰 아이는 높은 곳에 있는 장갑을 꺼낼 때 선반 맨 아랫단을 디디고 꺼냈다. 이것은 양말을 신을 때 앉는 받침대로도 활용되어 편리했다.

아이들은 각자의 속도에 맞춰 준비를 했다. 친구들과 이야기하면서 하고 있는 아이, 때로는 앉아서 골똘히 생각하는 큰 남자아이, 빨리 마치고 작은 아이를 돕는 아이도 있었다. 보육자와 직원이 모두 나와 어린아이들의 옷 갈아입기를 도왔다. 그러나 전적으로 도와주는 게

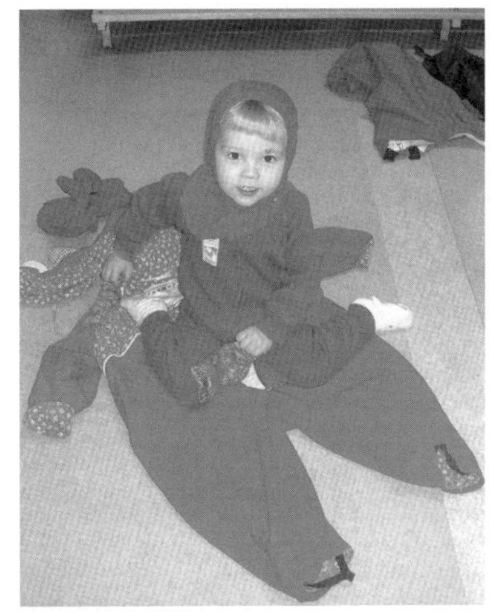

추운 겨울이지만 약간의 비 정도는 아무렇지도 않은 듯 오전과 오후 매일 정원에 놀러 나간다. 실내는 따뜻하여 얇은 옷으로 지내고 있다. 그 때문에 매일 외출을 위한 옷 갈아입는 시간은 힘이 든다.
방한을 위해 많이 껴입기 때문에 옷 갈아입는 데 시간이 걸린다. 그러나 매일 오전 오후 반복해서 입었다 벗었다 하기 때문에 아이들은 스스로 입고 벗을 수 있다. 그리고 즐거운 바깥 활동을 눈앞에 두어, 아이들은 서로 다른 연령의 아이들끼리 서로 도우며 옷 갈아입는 것을 즐기는 듯했다.

아니라 자기가 할 수 있는 일은 하도록 말을 건다든지 지켜보면서 도왔다. 그리고 아이들은 도움을 받고 싶을 때는 이야기해 알렸다.

자연이 놀이기구

장갑과 장화를 빌려 정원에 나가 보았다. 아침에 보았을 때보다도 훨씬 더 웅숭깊은 곳도 있다는 것을 알았다. 정원이라기보다는 괜찮은 자연공원, 야구도 충분히 할 수 있을 정도로 넓은 공간이었다. 탐페레 시 중심부에 있지만 이곳만은 숲속 같다. 대지 내에는 많은 나무들과 버섯, 풀이 무성하고 새가 지저귀며, 울퉁불퉁한 땅에 비가 개이거나 눈 녹은

추운 겨울에 목욕!?이라며 첫날은 놀랐지만, 아이들은 물놀이 시간을 아주 기대하고 있었다. 매일 순서대로 (일본으로 치면) 큰 대야에 물을 담아 물놀이를 한다. 일본이라면 추운 계절에 목욕은 감기를 걱정하여 안 할 텐데 이것도 국민성이라 할까?

뒤에 만들어진 물웅덩이도 있었다. 패이배코티 건물 물받이 홈통에서 흘러나오는 물길도, 미끄럼틀 발판의 움푹 들어간 곳도 자연 그 자체로 아이들의 놀이기구가 되어 놀이를 더욱 즐겁게 만들었다. 물웅덩이에 들어앉아 진흙탕 공격을 하고 있는 아이도 있었다. 아이는 진흙투성이 옷을 입고 진흙투성이의 얼굴로 웃고 있었다.

건물에서 멀리 떨어진 커다란 나무 밑동에는 큰 여자아이 3명이 모여 술래잡기를 하고 있었다. 작은 언덕에서는 남자아이가 머리를 맞대고 나뭇가지로 구멍을 파고 있었다. 나뭇가지가 서로 얽혀 빽빽한 나무들 사이로 아이가 아장아장 걸어갔다. 아이는 막다른 곳에 다다르자 다시 도전했고 딱 몸이 통과할 만한 틈 사이를 찾아냈다.

직원들의 일

보육자는 세 명이 정원에 나와 있었다. 건물 가까이에 서서 아이들의 놀이를 지켜보고 있었다. 아이들이 밖에 나와 있는 장난감 이외에 창고에서 꺼내 오고 싶은 장난감을 말하자 꺼내 주었다. 남자아이들이 싸움이 났을 때에는 그냥 지켜보고 있었다. 주변에 있던 친구들이 말을 거들어 해결되었는데 아이들에게 어느 정도 맡기는 자세, 그런 보육을 느꼈다.

정원놀이 후 아이들은 서서히 실내로 돌아갔다. 이 과정에서 보육자와 직원이 서로 호흡을 맞춰 움직였다. 바깥에 남아 있는 아이들 곁을 지키는 사람, 옷을 물로 씻어 내고 옷을 갈아입는 아이를 지켜보는 사람, 더러워진 물건들을 정리 정돈하고 옷을 다 갈아입은 아이들을 돌보는 사람, 그리고 점심 식사 준비를 돕는 사람 등 적은 인원으로 기능적으로 움직이고 있었다.

한 명 한 명에 맞춰서

먹고 싶은 것을 말한다

실습 첫째 날 아침, 우리는 패이배코티에 도착하자마자 직원 휴게실에서 차와 과자를 먹으며 우리를 안내해 주었던 선생님과 이야기를 나누었다. 거기서 조금 떨어진 곳에서 밥을 먹고 있는 남자아이가 있었다. 아이들의 생활에 맞춰 식사를 제공하기 때문이다. 간식과 같은 식사도 포함하여 5회 정도 먹는 아이도 있다고 했다.

오전식(점심)과 오후식(간식)이 같이 만들어져 각 패이배코티로 배송된다. 따뜻한 것은 따뜻한 상태로 영유아실에 음식 운반차로 운반하고 식기에 보기 좋게 담는다. 우유나 요구르트 중에서 어느 것을 먹고 싶은지 아이가 정하며 보육사는 한 명 한 명에게 물어서 따라 주었다. 아이들은 빵이나 부식을 더 먹고 싶을 때에는 말을 했다.

몸을 쉬게 한다

점심을 먹으면 잠시 놀고, 낮잠 시간이 된다. 약간 어두운 조명 아래 아이들은 '무민' 이야기가 나오는 동화를 들었다. 30분 정도의 이야기 들기가 끝나자 남자아이가 침대에서 나와 놀기 시작했다. 점차 숨소리가 고르게 되더니 잠이 푹 들은 아이도 있었다.

유아실에서는 음악이 흐르고, 침대 바로 옆에 보육사가 있었다. 보육사가 토닥토닥 두드려 주면 아이는 잠들기도 한다. 아이들 연령이나 생활 리듬이 달라, 한 명 한 명이 제각각 잠들기도 하고 깨어나기도 했다.

이틀간의 실습을 통해 핀란드 보육을 직접 볼 수 있었다. 작은 아이들이라도 스스로 할 수 있는 일은 직접 하며 자유롭게 지냈다. 아이들의 놀이 환경은 나이에 걸맞은 공간이 있었고 도구나 장난감이 적절하면서도 아주 자연스럽게 준비되어 있다는 것을 깨닫게 되었다. 보육사는 거의 말도 하지 않고, 직접적인 도움도 주지 않으며 그저 아이의 주체성에 초점을 두고 지켜보았다(물론 어린아이가 뭔가 도움을 요청할 때는 정성스럽게 대했다).

그러나 자유가 있더라도 규율 있는 생활을 하고 있었다. 장난감이나 사용한 물건의 뒷정리 규칙 등을 모든 아이들이 확실히 지키고 있었다. 보육사가 아이의 의사를 존중하는 가운데 아이들 한 명 한 명은 주체적으로 생활하고 자신이 좋아하는 놀이에 집중하는 모습을 볼 수 있었다.

유모차로 마중

이소-헤익킬레 패이배코티
—쿠도 아유미(아오모리 · 로쿠고 호이쿠엔)

2006년 10월 하순, 일본에서 비행기로 약 10시간 걸려 도착한 북유럽의 나라 핀란드에서 체험한 보육 실습. 나는 여기서 보고 느끼고 체험한 것 하나하나에서 많은 깨달음을 얻었다.

수도 헬싱키에서 버스로 약 2시간 정도 떨어진 탐페레 시, 그 교외에 있는 이소-헤익킬레 패이배코티가 이번에 우리가 실습을 하게 된 패이배코티다. 패이배코티 주변은 나무들로 둘러싸여 유모차를 밀며 산책을 즐기는 사람들이 자주 보였다. 여유로운 자연환경이 가득한 곳이었다.

몬테소리 교육을 이념으로 2~6세의 아이들 44명이 두 개 모둠으로 나뉘어 생활하고 있었다.

방한복을 입고 정원에서 자유놀이를 즐기는 아이들. 모래를 파고 물을 붓거나 즐겁게 달리고 있는 모습.

조용하고 편안함에 둘러싸여

용기를 내어 패이배코티에 발을 들였다. 거기에는 여유롭게 품어 주는 따뜻한 공기가 흐르고 있는 것 같았다. 나는 영어를 못했지만 내 손을 현관에서 꼭 쥐고 눈과 눈으로 마음을 통하고자 한 원장 선생님의 따뜻함에 긴장이 누그러져 조금은 안심이 되었다.

현관에서는 아이들의 떠드는 소리가 들리지 않았다. 매우 조용한 분위기였다. 게다가 보육실로 발을 옮기자, 거기에는 평온하며 기분 좋은 공기가 흐르고 있었다. 방 내부는 나무의 따스함을 느낄 수 있도록 심플한 소재와 색조로 통일되어 있었고 여러 교재도 간소하게 가지런히 진열되어 있었다.

이소-헤익킬레 패이배코티 소개

이름의 유래	농장 같은 이미지							
설립	1988년							
보육 방침	몬테소리 교육							
원아수	44명　3세 미만 4명 / 3세 이상 40명							
연령	0	1	2	3	4	5	6	계
아이	0	0	4	7	13	8	12	44
직원수	7명　　18인 그룹 : 2~5세　　보육교사 1인 · 보육사 2인 　　　　26인 그룹 : 3~6세　　보육교사 2인 · 보육사 1인							
근무 체제	7시간 30분 노동　시차 출근 6:30~14:00/ 7:15~14:45/ 8:00~15:30/ 　　　　　　　　8:20~15:50/ 9:20~17:00 오전 · 오후 10분씩 커피 타임　　점심 20분							
보육 시간	평일　6:30~20:00 / 토, 일 휴원 / 여름방학 4주							

식사	시간	메뉴
	아침　8 : 00 경 점심　11 : 50 경 간식　14 : 00 경 그 외	포리지(죽), 우유, 빵(전원) 야채 수프, 막대 당근, 우유, 빵이나 죽 등 달걀, 우유 알레르기 대응의 간식 (빵케이크→달걀을 뺌, 빵→빵튀기 과자 같은 것, 우유, 소프트 드링크(유산균 음료))
특징 등	일주일에 한 번 산책. 0~1세 보육은 받지 않는다. 모둠 분리는 부모, 원장, 주임 보육교사가 상의하여 정한다. 형제는 부모 희망에 따라 같은 그룹이든지 다른 그룹으로 정한다.	

실습 흐름

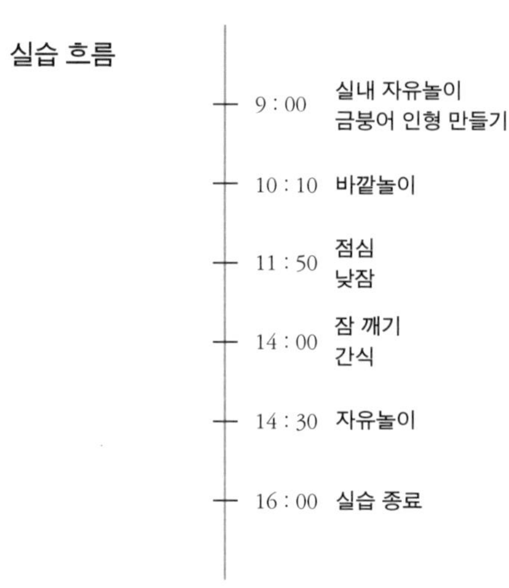

아오모리에서 가져온 색종이 금붕어 인형 만들기에 흥미를 지닌 아이들과 함께.

그리고 계절을 느낄 수 있는 자연물이 방 안에 잘 정리되어 있었다. 자연을 소중히 여기고 자연의 법칙에 따라 지내는 듯한 온화함도 느껴졌다.

스스로 놀이를 고른다

평온하고 여유로운 환경 속에서, 20명 정도의 2~6세 아이들은 각자가 고른 놀이를 놀고 싶은 장소에서 자유롭게 즐기고 있었다. 몬테소리 교재, 다리미나 털실 등 생활용품, 나무 열매나 나뭇잎 등 자연물도 자유롭게 꺼낼 수 있게 선반에 정렬되어 있었다.

아이들 몸 크기에 맞게 실물과 똑같이 만들어진 물이 나오는 부엌에

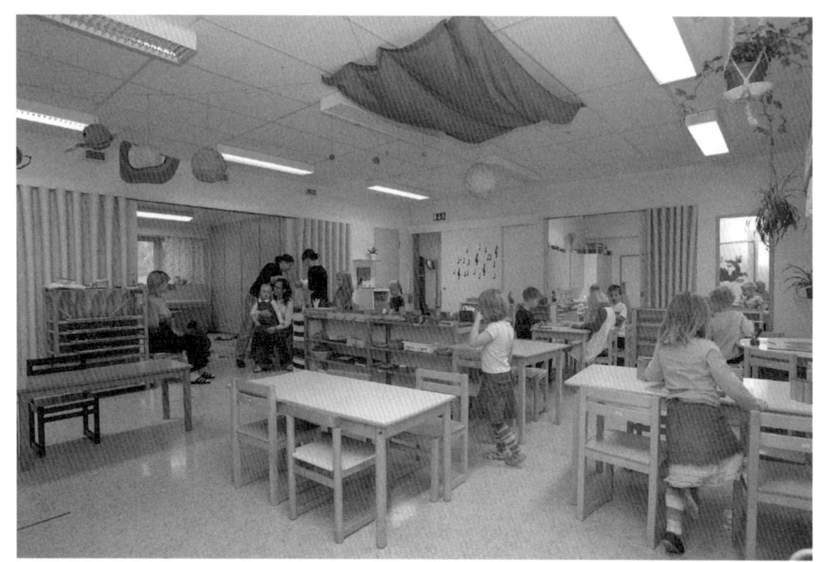

보육실 모습. 몬테소리 교재가 선반에 정리되어 있고 아이들은 자유로이 꺼내서 놀고 있다. 보육자는 의자에 앉아 곁에서 지켜보고 있다. 점심 식사도 여기서 한다.

서 3세 정도의 여자아이가 앞치마를 두르고 접시를 씻고 행주로 닦는 소꿉놀이를 하고 있었다. 선반에 놓인 원두커피 기계로 진짜 커피 원두를 갈며 노는 아이, 세 가지 색의 물을 섞어 새로운 색을 만드는 데 몰두하는 아이, 그림 그리기나 종이를 오려 붙이는 아이 등 한 명 한 명이 자발적으로 자신이 고른 놀이를 즐기는 모습이 전해져 왔다.

보육자가 놀이 가운데 개입해 들어가는 경우는 거의 없고, 아이의 감성이 속속 피어오르는 매우 매력적인 놀이가 전개되고 있는 것처럼 느껴졌다.

받아들이고 지켜보는 보육자

아이들이 모여 놀이를 하는 동안에 싸움이나 말썽이 나지 않았다. 아이들의 차분한 활동이 아주 인상에 남는다.

그 곁에서 대기하며 보육자는 아이들을 주의 깊게 지켜보고 다정하게 감싸 안는 시선을 보낸다. 그리고는 아이들이 부를 때 거기에 응한다. 어떤 상황에서도 항상 차분한 어조로 말했다. 침착하고 온화하게, 한 명 한 명에게 정성스럽게 말을 전하고 있었다.

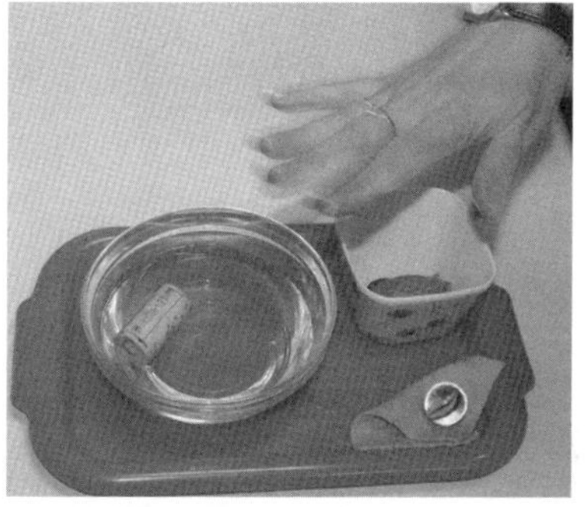

코르크 마개, 유리구슬 등 여러 가지 소재를 물에 띄워 보는 교구.

패이배코티 안에서 느낀 편안함, 그것은 한 명 한 명의 생각을 소중하고 세심하게 받아들이고 있기 때문이라고 생각된다. 어떠한 의견이나 생각이라도 옳다, 옳지 않다고 판단하지 않고, 끝까지 지긋하게 귀담아 들어 주는 데서 오는 편안한 느낌. 이 느낌이 있기 때문에 이렇게도 차분히 자신의 의견을 표현할 수 있는 게 아닌가 생각했다.

몬테소리 교구를 선반에서 꺼내 보여 주고 있는 원장 선생님.

보육실 내에 있는 아이들 크기에 맞춘 부엌. 실물과 같은 모양으로 물이 나오고 선반에는 조미료가 놓여 있다. 다리미도 미지근하다. 여기서 자유롭게 놀이가 전개되고 있다.

추워도 진흙에서 논다

바깥 활동이 시작되면 실내에서의 모습과는 또 다르다. 아이들은 활기차게 아주 건강한 목소리로 놀이에 열중했다. 실내에서의 조용한 인상과는 꽤 다른 모습에 조금 놀랐다.

나는 눈이 많이 오는 환경에서 자라 추위에 익숙하지만, 핀란드의 살을 에는 추위는 상상 이상의 것이었다. 그런 추위 속에서 방한복을 입고 신이 나서 떠드는 아이들. 모두가 땅이나 모래밭의 모래를 파서 길을 만들고 거기에 물을 흘려보내며 놀고, 잡기놀이나 축구, 숨바꼭질 등을 즐기고 있었다. 옷이 더러워지는 것에는 신경 쓰지 않았고 온몸이 흙투성이였다. 나 역시 그 가운데서 아이들과 같이 흙투성이로 놀며 즐거운 시

같이 실습을 한 아야다 케이코 보육사. 바깥에 놀러 나가기 전의 준비 모습.

간을 보냈다.

점심때가 되어 패이배코티 쪽으로 눈을 돌리니 대여섯 명의 아이들이 문 앞에 줄을 서고 있었다. 이를 본 아이들은 놀던 것을 정리하고 차례차례 줄을 서기 시작했다. 아이들은 실내에 들어가기 위해 두세 명씩 겹쳐 입고 있던 방한복을 순서대로 벗었다.

기다리고 기다려 준다

자기 차례가 올 때까지 착실히 줄을 서서 기다린다. 당연한 것일지 모르지만 오랜 시간 불만 한마디 없이 서서 기다리고 있는 아이들 모습에

아이의 작품을 한 명씩 철해 두고 있다.

감동받았다.

분명히 일상생활 속에서 '기다리고 기다려 주며', 한 명 한 명 각자의 속도를 소중히 지켜 주면서 지내기 때문에 다른 사람도 끝까지 기다릴 수 있는 것이 아닐까 생각했다.

실내에 돌아오자 전체가 모이기를 기다렸다. 다 모이자 보육자가 앞에 앉아 다정한 목소리로 노래를 부르기 시작했다. 이에 맞춰 아이들도 아름다운 목소리로 노래했다. 그 다음 한 명 한 명에게 질문을 했다.

아이들은 각각 천천히 거기에 답하며 느긋한 대화가 이루어졌다. 부끄러워서일까 머뭇머뭇하며 답하지 못하는 아이에 대해서도 편안한 느낌의 눈빛으로 기다리고, 이를 듣고 있는 아이들도 당연한 듯이 기다리는 이런 자세에 또다시 나는 감동했다.

그러고 나서 급식. 급식은 수프나 빵, 샐러드가 준비되어 있고, 스스로 먹을 수 있을 만큼 접시에 담았다. 아주 조용하게 안정된 식사를 하고 있었다. 다 먹고 나자 아이들은 스스로 행주로 테이블을 닦아내고, 의자에 엎지른 것을 걸레로 닦았다. 닦은 걸레도 씻어 원래 자리에 정리해 두었다.

당연한 일이 당연하게 진행되고 있었다. 생활 속에 중요한 하나하나가 확실히 몸에 배어 있다고 느꼈다.

그 후의 낮잠, 간식 등 모든 면에서 마치 집에 있는 듯한 흐름으로 아이들이 지내고 있었다. "다음은 이것을 해요!" 하고 목소리에 힘주지 않아도 전체 흐름은 아주 자연스럽게 흐르고 있었다. 한 명 한 명이 존중되는 가운데…….

보육 체험을 통해

흔히들 핀란드는 편안한 느낌을 주는 보육 환경 가운데 의욕을 기르는 보육, 자기 긍정감을 기르는 보육을 실천하고 있다고 말한다. 이번에 나는 핀란드에서 있는 그대로 체험하고, 그 가운데서 무엇인가를 느끼고 싶었다. 무언가를 인식하고 발견한다는 그런 생각으로 참가할 것을 결정했다.

체험을 통해 가장 인상 깊었던 것은 한 명 한 명을 소중하게 받아들이고, 다름을 인정하고 존중하면서 지내고 있다는 것이다. 생활 하나하나, 생각 하나하나가 정성스럽게 받아들여지는 편안한 느낌, 그리고 있는 그대로의 자신의 소중함을 체험 속에서 느낄 수 있었다.

한 명 한 명을 받아들인다는 것은 말은 쉽지만 실제로는 쉬운 일이 아니다. 정말로 개개인을 받아들인다는 것은 조급히 무언가를 할 수 있도록 하거나 어른의 경험으로 얻은 결과나 감성을 주입해 가는 그런 것이 아니라, 개인에게서 우러나오는 감성이나 원래 지니고 있는 생명력을 발휘할 수 있도록 다가가는 것이라고 실습을 통해서 느꼈다.

한 명 한 명의 진척 속도를 소중하게 기다리는 관계, 안달하지 않고 편안하게 지내는 환경 속에서 '지금 있는 그대로의 나여도 괜찮다'는 자기 긍정감이 자라나고 의욕이 자라난다는 생각이 들었다.

'기다리는 보육'을

일본의 호이쿠엔으로 돌아와 느
낀 것은 건강한 목소리보다는 왁자
지껄하게 떠드는 아이들의 목소리
였다. 그 가운데에는 목소리를 높여
소리치며 보육을 하는 동료 보육사
의 목소리도 있었다. 나 또한 핀란
드 실습에 참가하기 전에는 비슷하
게 하고 있었을 이러한 모습에 위화
감이랄까, 답답함이 강하게 밀려왔
다.

무엇보다 온화하게 천천히 한 명
한 명에게서 나오는 생각, 표정, 목
소리에 눈을 마주하고 마음에 다가

벽에 붙여진 실물 크기의 아이 그림과 그림책 코
너.

가고 기다리는 보육을 지금 여기에서부터 시작하고 싶었다.

스스로 나아가야 할 보육

반년이 지났다. 겨우 반년이지만 핀란드에서 배운 관계 방식을 부지
런히 매일 매일 반복했다. 눈앞의 아이들에게 변화가 보여 보람을 느끼
기도 했다.

보육 제도나 문화의 차이에 대해 좀처럼 이해되지 않는 것도 있지만,

눈앞의 일본 아이들도 핀란드 아이들과 그다지 차이가 없는 것처럼 보인다.

한 사람 한 사람과의 관계 속에서 느끼고 호흡해 온 것을 살려 너무나 좋아하는 아이들을 위해 지금부터라도 내가 할 수 있는 것을 하나씩 천천히 시작해 가고 싶다. 스스로 나아가야 할 보육을 볼 수 있었다는 것에 감사해 하면서…….

무오티알라 패이배코티
―코우노 사치코(요코하마 · 오오츠나 호이쿠엔)

네우볼라 · 패이배코티 · 기초학교의 제휴

무오티알라 패이배코티는 2005년 8월에 막 설립된 새 패이배코티다. 시설이나 설비가 충실하고, 네우볼라와 패이배코티와 기초학교, 이 세 시설이 같은 건물 안에 있는 점이 다른 원에서는 볼 수 없는 방식이다. 네우볼라와 패이배코티, 패이배코티와 기초학교처럼 두 시설이 같은 장소에 있는 것은 흔한 일이지만 무오티알라 패이배코티처럼 세 개의 시설이 한곳에 있는 경우는 아주 드물다고 한다.

핀란드에서는 임신을 하게 되면 네우볼라에 다닌다. 네우볼라는 엄마 뱃속에서 아기가 태어날 때부터 취학할 때까지 정기적으로 아이의 성장을 관찰하고 정기검진, 예방접종, 치과 검진과 육아 상담을 하는 장소로 일본으로 치면 보건센터 같은 곳이다.

패이배코티 현관을 들어가면 오른쪽에 패이배코티, 왼쪽에 네우볼라, 네우볼라 옆에 있는 복도 안쪽으로 가면 기초학교가 있다.

패이배코티에 가기 전 아이의 상황을 알고자 할 때 네우볼라에서 바로 지금까지의 성장 상태를 알아볼 수 있다. 그리고 그 정보는 중간에 누락됨이 없이 기초학교에 전해진다. 이렇게 임신했을 때의 상황, 태어났을 때 이후의 상황, 패이배코티에서의 상황 등 기초학교까지의 성장 모습을 무오티알라 패이배코티 한 곳에서 볼 수 있다. 각 시설과 제휴하기 쉽다는 것이 이 패이배코티의 장점이다.

또 다른 장점이 있다. 네우볼라에 다니고 있을 때부터 패이배코티의

네우볼라의 입구. 입구를 들어가면 바로 아이들이 놀 수 있는 공간이 있었다. 견학하고 있을 때 생후 2개월 된 아기와 엄마가 검진하러 왔다.

무오티알라 패이배코티 소개

이름의 유래	지명에서 옴						
설립	2005년						
보육 방침	아이들의 성장을 도와주는 것!						
원아수	115명 3세 미만 28명 / 3세 이상 87명						
연령	0	1	2	3	4	5	6	계
아이	0	12	16	21	21	7	38	115
보육자	0	3	4	3	3	1	5	19
직원수	22명						
직원 구성	원장 1명 보육교사 7명 보육사 12명 청소 2명						
보육 시간	평일 6 : 30~18 : 00 / 토, 일 휴원						

식사	시간	메뉴
	아침 8 : 00 경 점심 11: 30 경 간식 14: 00 경	콩 수프, 빵, 감자 등 빵 케이크, 오트밀, 우유 등

특징 등	예술, 음악, 체육에 역점을 둔다.
실습반	0 · 1 · 2세아 오전—노랑 그룹 14명 오후—빨강 그룹 11명
	담당직원 각 그룹 3명

실습 흐름

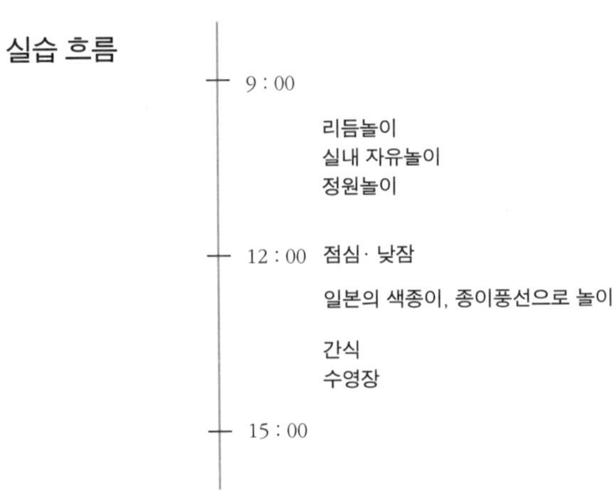

모습을 볼 수 있다는 것이다. 또한 패이배코티에 다니면서 기초학교의 모습도 볼 수 있다. 부모도 아이도 다음에 다닐 시설 모습을 보면서 새로운 환경에 적응할 수 있다. 기초학교를 보면서 적응할 수 있기 때문에 새로운 환경에 대해 안심하게 된다.

느긋하게 흐르는 시간과 활동

0~2세 반에서 실내 놀이를 하고 있을 때 문득 놀고 있던 아이들이 줄어들었다는 것을 알아챘다. 한 보육자가 방을 나오자 아이들 2, 3명이 뒤를 따른다. 조금 지나자 또 몇 명이 방을 나갔다.

아이들 뒤를 쫓아가 보니 방한복과 부츠가 놓여 있는 사물함 앞에 다

이 사진에 찍힌 넓이의 약 네 배 되는 넓디넓은 정원. 미끄럼틀, 시소, 모래밭, 앉는 곳이 타이어로 되어 있는 그네 등 구석구석에 놀이기구가 있었다.

들 모여 있었다. 바깥놀이 준비를 하고 있었던 것이다. 할라리라는 방한·방풍이 되게 가공한 옷을 몸에 걸치고 모자를 쓰고, 마지막에는 장갑을 낀 뒤 바깥놀이 복장으로 변신한다.

자기 사물함에서 할라리와 장갑을 꺼내고 스스로 입을 수 있는 것은 입고, 할 수 없는 부분은 보육자의 도움을 받으며 준비한다. 바지의 앞뒤를 바꿔 입는다든지 신발을 반대로 신고 있는 아이도 있다. 보육자는 그런 아이들을 보면 생긋 미소를 지으며 "반대로 되어 있으니 다시 신어요"라고 말해 준다.

입을 것도 많은데다 옷이 두꺼워서 시간이 걸린다. 옷을 갈아입는 속도도 개인차가 있다. 바깥놀이 준비가 끝난 아이가 있는 반면, 아직 끝나지 않은 아이도 있어 제각각이다.

그러나 바깥놀이 준비가 끝난 아이는 문 앞에서 옆 친구와 이야기를 한다든지 정원 모습을 지그시 보며

바깥놀이에서 젖은 옷을 말리기 위한 건조장. 이름을 적은 클립을 옷에 끼워 누구 것인지 알 수 있도록 하고 있다.

수영장에는 따스한 불빛의 조명이 켜져 있고 너무 밝지도 어둡지도 않은 분위기에서 물놀이를 할 수 있도록 되어 있다. 탕이 있어서 욕실처럼 느껴졌다. 아이들은 물보라를 튀기며 들떠 시끄럽게 놀았다.

앉아서 기다린다. 다음에 무엇을 할지 확실히 알고 있고 기다리고 있으면 반드시 놀 수 있다는 약속이 되어 있어 아이들은 편안한 마음으로 다음 행동을 할 수 있는 것 같다. 문이 열리자 아이들은 기다렸다는 듯이 정원을 향해 뛰어 나갔다.

아이들은 좋아하는 장난감이나 탈것을 꺼내 자신들이 놀고 싶은 장소를 찾아서 논다. 아이들이 정원의 이쪽저쪽에 흩어져 있다. 정원이 넓어 다른 반 아이들이 있더라도 자신의 놀이 공간이 확보되어 있어 부딪치는 일은 없다.

보육자가 아이들과 노는 모습은 거의 볼 수가 없다. 보육자는 홀로 놀이에 몰입하고 있거나 놀이에 한창인 아이들의 모습을 지켜본다. 아이들끼리 노는 가운데 놀이 방법을 발견하거나 몸에 익히면서 놀이가 확대되어 가는 듯하다.

또한 서로 다른 나이의 아이들이 섞여 보육이 이루어지면서 어린 아이들은 큰 아이들의 놀이를 보고 배우는 듯하다. 보육자가 놀이 방법을 정하는 것이 아니라 아이들이 스스로 생각해 낸 놀이를 즐기고 있었다.

바깥놀이가 끝나 실내에 들어갈 때 아이들은 보육자가 말을 하지 않더라도 종종걸음으로 교실로 들어간다. 문득 정원에서 아이들 모습이 조금씩 줄어들고 있다는 것을 느꼈다.

아이들은 멈추는 경우가 없다. 각자 자기 속도로 원활하게 이루어지는 활동과 시간. 그런 아이들의 시간에 딱 맞춘 것처럼 보육자들은 움직인다. 아이들이 일찍 준비를 마치면 그곳으로 가서 아이들 활동이 먼저 진행될 수 있도록 지켜본다. 아직 준비가 끝나지 않은 아이들은 다른 보육자와 여유 있게 준비를 했다.

추운 나라가 아니고선 볼 수 없는 설비

춥다고 아이들이 실내에만 있는 것은 아니다. 오전 중에 한 시간, 오후에 한 시간, 매일 두 시간은 바깥놀이를 했다. 가랑비 정도는 구애되지 않고 바깥놀이를 한다.

추운 나라가 아니었다면 없었을 설비로서 건조장이 있다. 무오티알라 패이배코티에서는 현관이 반마다 있어 입구 공간이 하나의 방과 같다. 개인 사물함이 있고 파이프 위에 신발을 놓을 수 있다. 바깥놀이를 마치고 돌아오면 파이프에는 열이 나서 신발을 말릴 수 있다. 그리고 건조장에는 젖은 옷이나 장갑을 넣어 건조시킨다.

실내에는 수영장도 있고 매일 가는 것은 아니지만 일주일에 수차례, 약 30분 정도 들어간다. 물론 온수풀이기 때문에 겨울에도 들어갈 수 있다. 보육자와 함께 공받기를 한다든지 물장구를 치며 노는 것을 즐긴다.

바깥놀이를 하는 것뿐만 아니라 수영장 놀이도 하며 체력을 기르고 있다.

급식과 알레르기 음식에 대한 대응

바깥놀이를 마치고 실내에 들어가자 아이들은 손을 씻고 자기 자리에 앉았다. 방 한 모퉁이에서 좋은 냄새가 나고 있었다. 식사 시간이다. 완전 급식제로 감자에 카레 같은 것이 얹어져 있고 샐러드가 곁들여져 있었다. 그 외에 음료수와 크래커가 준비되어 있었다. 손을 맞대고 "잘 먹겠습니다"라고 인사를 한 뒤 모두 입안 가득히 먹을 것을 넣어 뺨이

부푼다.

알레르기 음식에 대한 대응을 볼 수 있었다. 진단서와 제거 목록을 제출하면 계란이나 유제품이 들어가지 않은 메뉴 등 개인에게 맞춰진 제거식을 제공받을 수 있다. 제거식이 필요한 아이 이름과 넣지 말아야 하는 식품명이 적힌 목록이 각 반의

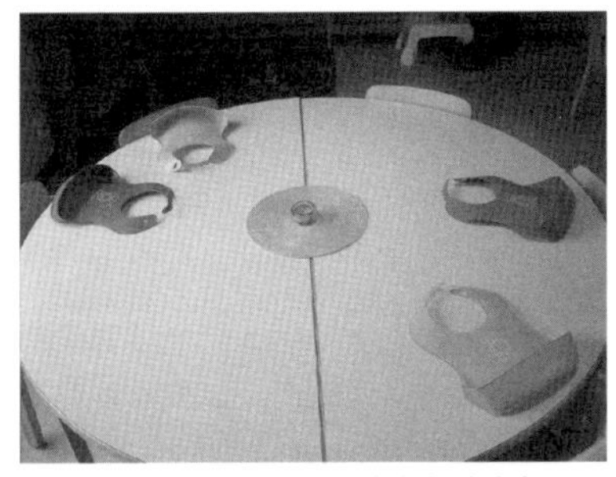

식사하기 위해 앞치마가 준비되어 있었다. 손을 씻고 자기 자리에 앉으면 스스로 할 수 있는 아이는 직접 앞치마를 매고 식사하기를 기다린다.

게시판에 붙어 있어 보육자는 목록을 보면서 알레르기식 배식을 한다. 배식한 뒤 다른 아이의 급식과 섞이지 않도록 이름을 적은 클립을 접시에 끼워 표시를 한다. 감자가 밥으로 변해 있거나 샐러드에 사용된 야채

알레르기 음식으로 배식된 식사. 한 명 한 명의 요구에 맞춰진 식재료로 만들어진 식사로 세밀하게 나눠져 있다. 클립에 이름이 적혀 있다.

조리실. 무오티알라 패이배코티는 급식센터도 겸하고 있어 근처 패이배코티의 급식도 준비하고 있다.

가 달라지기도 했다.

일본의 호이쿠엔에서는 제거식에 대해 '겉으로 볼 때 같으면 주위 아이들과 다르다는 생각을 하지 않는다'고 생각했다. 예를 들어 계란이 들어간 샐러드의 경우 호박 가루를 사용하여 계란 노른자를 표현한다든지 알레르기용 마요네즈로 만든 먹을거리를 제공하는 방법을 썼다.

이런 점에 대해 무오티알라 패이배코티에서는 어떻게 생각하는지 물어보니, "다른 사람과 다른 것일지라도 아이가 즐겁게 먹을 수 있는 것이 가장 중요하다"고 대답해 주었다.

아이들이 식사를 하고 있는 모습을 보니 보통식을 먹고 있는 아이들 가운데 드문드문 알레르기식을 먹고 있었다. 주변 아이들이 알레르기식 아이의 식사를 들여다보는 일도 없었고, 알레르기식 아이도 주변 아

방 한 모퉁이에 소꿉놀이 코너가 있었다. 부엌에 접시가 진열되어 있고 인형놀이도 할 수 있도록 인형과 침대가 있어 진짜 집 같았다.

이들과 다른 것을 먹는 것에 전혀 신경 쓰지 않았다. 주변의 아이들과 얼굴을 맞대고 웃으며 먹고 있었다.

아이들은 알레르기식을 먹고 있는 아이나 주변에 있는 아이가 다르다는 것을 지적하지 않고 자연스레 이해하고 받아들인다.

식사가 끝나자 아이들 스스로 식기를 정리하고 앞치마를 풀었다. 식기를 정리할 줄 모르거나 앞치마를 풀 줄 모르면 주변의 아이들이 도와주었다.

2세가 되면 식후에 자일리톨 껌을 씹는다. 그리고 낮잠 준비를 위해 별도의 방으로 이동하는 아이들. 물론 그 앞에는 보육자가 있어 아이들을 받아들일 준비를 하고 있었다.

인접한 기초학교 교실.

원장 선생님과 만남을 가졌다. 무오티알라 패이배코티의 보육 방침을 들었다. 그리고 핀란드와 일본의 보육을 서로 소개하고 정보를 교환했다.

핀란드 신문에 우리들 체험연수가 실리다

2006년 10월 26일 아침, 신문을 펼치는 페트리 니에메라 씨, 후지이 니에메라 미도리 씨.

일본에서 온 손님이 '곤니치와'라고 했어요!
방문: 일본인들이 탐페레 시 패이배코티 활동을 시찰

기사: 유카 만니넨, 사진: 이루카 라이티넨(번역: 타카하시 무츠코)

화요일 오후 탐페레의 타산테 패이배코티 아이들은 들떠서 떠들썩했다. 일본인 보육사 두 명, 도쿄의 야마다 시즈코 씨, 돗토리의 오오시마 히토미 씨가 패이배코티를 방문했다.

"무척 즐거웠어요. 두 선생님에게 '곤니치와'라고 했어요. '안녕'이라

Me sanottiin japanilaisvieraille konisva!

Vierailu: Japanilaiset tutustuvat Tampereella päiväkotien toimintaan

A Jukka Manninen
A Ilkka Laitinen, kuvat

Tasanteen päiväkodin lapset Tampereella olivat tiistaina iltapäivällä aivan tohkeissaan. Talossa oli vieraisilla kaksi ihka oikeaa japanilaista päiväkotitätiä, **Shizuko Yamada** Tokiosta ja **Hitomi Oshima** Tottorista.

– Ihan kivoja, me sanottiin niille konisva, se tarkoittaa hei, hehkuivat esikouluryhmäläiset **Miikka Harjajärvi**, **Joona Suntinen**, **Sanna Kielinen** ja **Alina Mäki**.

Käsimerkkejä puheen sijaan

Japanilaisvieraat varmasti ymmärsivät lapsia, sillä japani–suomi-sanakirjan mukaan konnichi wa tarkoittaa hei, erityisesti hyvää iltapäivää -merkityksessä.

Tasanteen päiväkodin henkilökunta sen sijaan joutui puhumaan käsillään ja piirroksin odotettua enemmän, sillä vieraat puhuivat vain japania.

– Ihan ensimmäiseksi piirsin heille talon kartan, johon laitettiin kellonaikoja ja ryhmien ikätietoja. Ihan hyvin tässä on käsimerkeillä pärjätty, vaikka olisikin kiinnostavaa kysellä japanilaisen päiväkodin toiminnasta, nauroi Tasanteen päiväkodin johtaja **Kirsti Hanhilampi**.

Suomeen houkutteli koulumenestys

Japanilaisvierailu jatkuu vielä tänään keskiviikkona. Kaikkiaan Tampereelle saapui 24 lastenhoidon ammattilaista eri puolilta Japania.

He työskentelevät Japanissa yksityisissä päiväkodeissa, joiden yhdistys järjestää vuosittain opintomatkan jonnekin päin maailmaa. Suomeen heidät houkutteli erityisesti suomalaislasten hyvä menestys kansainvälisissä kouluvertailuissa.

Tasanteen lisäksi japanilaisia vieraita saatiin Helapuiston, Iso-Heikkilän, Kalevan, Kalevanharjun, Muotialan, Nekalan, Pappilan, Telkän ja Tuomikujan päiväkotiin.

Peruspäivä päiväkodissa

Tasanteen päiväkoti, Tampere

6.00	ovet auki, leikkiä
8.00	aamupalaa
8.30	toimintaa aiheen mukaan
9.30	noin tunti ulkoilua
11.00	lounas
12.00	pienten päiväunet, isojen lepo- ja lukuhetki
14.00	välipalaa, leikkiä
15.30	alkaen ulkoilua
17.00	sisään ja välipalaa
18.00	ovet kiinni

Päiväkoti Akazaki, Tottori, Japani

Lapset syövät aamupalan kotona

7.00	ovet auki, leikkiä
9.30	välipalaa
10.00	ulkoilua
11.00	sisään ja lounas
12.30	pienten päiväunet, isojen leikkiä
15.00	herätys ja välipalaa, ulkoilua
17.00	sisään, leikkiä
19.00	ovet kiinni

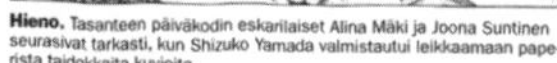

Kasvun kansioni. Tasanteen päiväkodin eskarilainen Sanna Kielinen esitteli muitta mutkitta kansiotaan Hitomi Oshimalle tiistaina.

Hieno. Tasanteen päiväkodin eskarilaiset Alina Mäki ja Joona Suntinen seurasivat tarkasti, kun Shizuko Yamada valmistautui leikkaamaan paperista taidokkaita kuvioita.

Pelihetki. Shizuko Yamada seurasi, kun lastentarhanopettaja Merja Kohonen ja eskarilainen Leevi Mäenpää pelasivat Logigo-peliä.

Valmis. Shizuko Yamadan taidokkaat paperityöt tekivät vaikutuksen päiväkotilaisiin.

아물레헤티(Aamulehti)지 2006년 10월 25일(수) 9면 (사진 위에서 시계 방향으로)

나의 성장 파일 화요일, 타산테 패이배코티 취학전 반의 산나 키에리넨은 오오시마 히토미 씨에게 금세 자기 파일을 보여 줬다.

대단하다 타산테 패이배코티 취학전 반의 아리나 마키와 요나 슨티넨은 야마다 시즈코 씨의 종이세공을 열심히 보고 있다.

게임 시간 야마다 시즈코 씨가 보육교사 메리야 코호넨과 취학전 반의 레뷔 마엔파의 논리 게임을 보고 있다.

완성 야마다 시즈코 씨의 솜씨 좋은 종이세공에 패이배코티 아이들과 직원들은 감탄하였다.

는 뜻이에요."라고 말하며 취학전 반의 미카 하리야야루뷔, 요나 슨티넨, 산나 키에리넨, 아리나 마키는 눈을 반짝거렸다.

말 대신에 손짓 발짓을 해가며

일본에서 온 손님들은 분명 아이들의 인사를 이해했을 것이다. 그럼에도 일본어-핀란드어 사전에 의하면 곤니치와는 '안녕'에 해당하는 말로서 특히 '좋은 오후'라는 의미이다.

그 대신, 타산테 패이배코티 직원들은 방문객들이 일본어밖에 할 줄 모르기 때문에 훨씬 많은 몸짓이나 글로써 대신해야 했다.

"맨 처음에는 손님들을 위해 패이배코티 건물의 도면을 그리고, 시간 과 그룹의 연령 정보를 써 넣었습니다. 손짓으로 충분히 이해할 수 있었 습니다. 일본의 호이쿠엔 활동에 관한 질문을 하자 좀 더 즐거웠어요." 타산테 패이배코티의 킬스티 한히란피 원장은 웃는 얼굴로 말했다.

좋은 성적이 핀란드에 대한 관심으로

일본 측의 방문 일정은 오늘 수요일까지 계속된다. 탐페레에는 일본 각 지에서 온 보육 전문가 24명이 방문했다.

이 일행은 일본에서 사립 호이쿠엔에 근무하고 있으며, 이 전국연맹 은 매년 해외 연수여행을 실시하고 있다. 이번에 핀란드에 관심을 기울 인 것은 특히 국제학업성취도평가에서 핀란드 학생들의 성적이 좋았기 때문이다.

일본 측 방문객은 타산테 패이배코티 외에도 헬라푸이스토, 이소-헤 익킬레, 칼레바, 칼레반하르유, 무오티알라, 네칼라, 팝필라, 텔르카, 투 오미쿠야 패이배코티에서 실습을 했다.

주: 아물레헤티 지는 탐페레 시에서 발행되고 있는 핀란드 제2의 신문. 일간 발행 부수는 약 140만 부. 규모가 큰 회사 알마 미디어(Alma media) 사 계열.

핀란드 보육 체험연수 기록

일정 2006. 10. 21~10. 29

월일	주요 일정
10월 21일 (토)	나리타의 호텔에서 사전 연수
10월 22일 (일)	나리타 출발 → 헬싱키로 헬싱키 (반타공항) 도착 헬싱키 시내로
10월 23일 (월)	헬싱키 국민연금청(KELA) 홍보부 강의 헬싱키 출발 → 탐페레 탐페레 시 담당과장의 강의
10월 24일 (화)	패이배코티에서 실습①
10월 25일 (수)	패이배코티에서 실습②
10월 26일 (목)	놀이활동센터 시찰 네우볼라 시찰 탐페레 시내 관광
10월 27일 (금)	탐페레 출발 → 헬싱키 시내 자유여행
10월 28일 (토)	헬싱키 시내 관광 헬싱키 출발 → 나리타
10월 29일 (일)	나리타 도착

참가 24명

실습시설

시설명
칼레반하르유 패이배코티 Kalevanharjun päiväkoti
칼레바 패이배코티 Kalevan päiväkoti
팝필라 패이배코티 Pappilan päiväkoti
타산테 패이배코티 Tasanteen päiväkoti
투오미쿠야 패이배코티 Tuomikujan päiväkoti
네칼라 패이배코티 Nekalan päiväkoti
무오티알라 패이배코티 Muotialan päiväkoti
텔르카 패이배코티 Telkän päiväkoti
헬라푸이스토 패이배코티 Helapuiston päiväkoti
이소-헤익킬레 패이배코티 Iso-Heikkilän päiväkoti

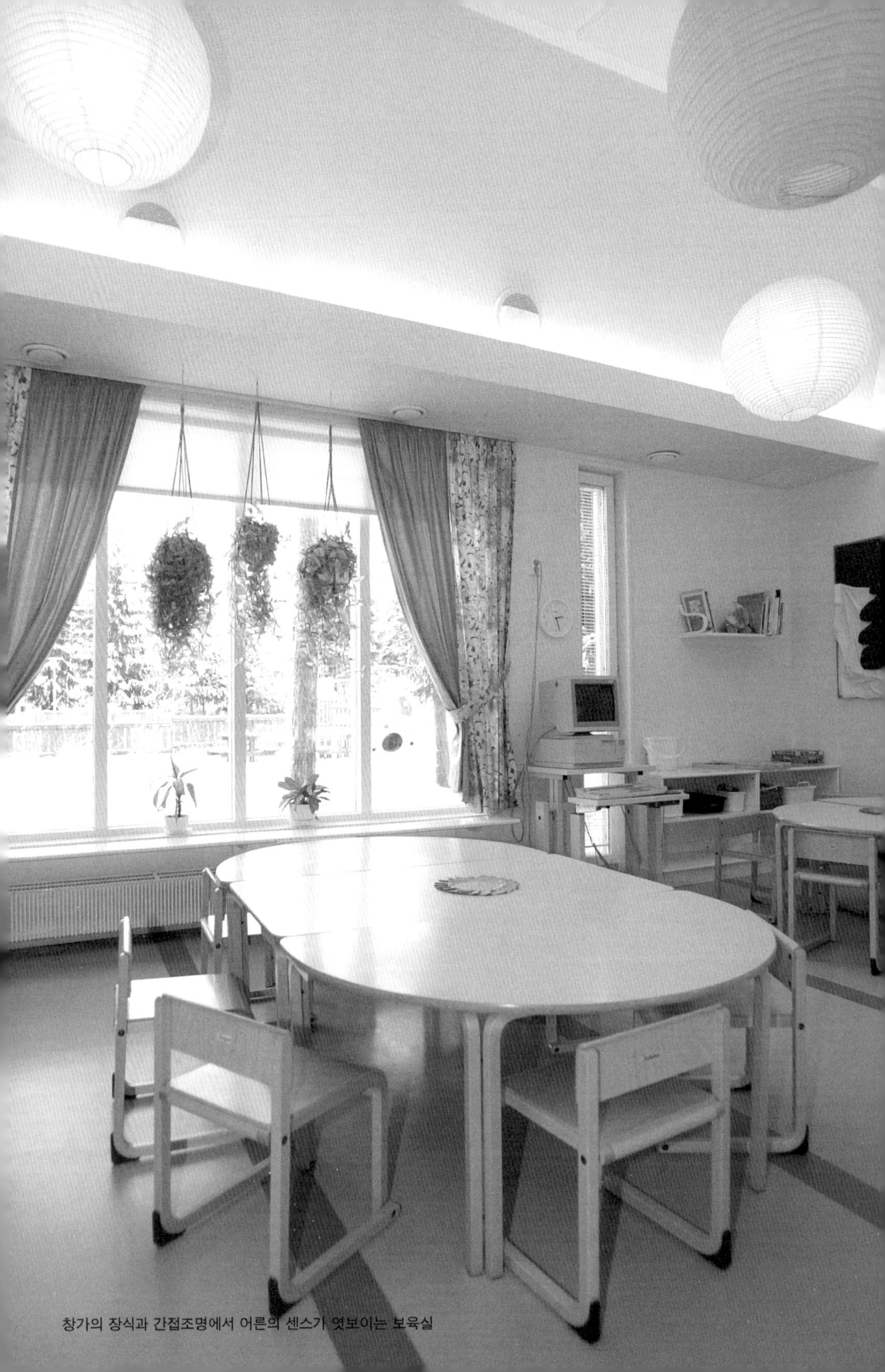

창가의 장식과 간접조명에서 어른의 센스가 엿보이는 보육실

3 핀란드의 보육 환경에서 배울점

―히시카와 히로아키(요코하마·오오츠나 호이쿠엔 원장)

지금 '왜' 핀란드인가? 그리고 핀란드에서 '무엇을' 배울 것인가? 해외 보육기관과 교류를 시작한 지 벌써 10년, 우리 스스로에게 던졌던 수많은 질문은 바로 이 점에 집약되어 있다.

필생의 사업으로 북유럽을 찾은 지 20년 가까운 세월이 흘렀다. 그 동안 나 자신도 이 질문에 대해서 스스로 묻고 답하려고 노력해 왔다. '왜'에 대해서는 후술하기로 하고 '무엇을'의 부분에서 비교 대상이 되는 것은 ① 제도와 구조, ② 기능과 과정, ③ 행동과 문화라는 주제를 들 수 있을 것이다. 거기서부터 '자기 자신을 알고 싶다'는 호기심이 커지고 유사성과 차이를 정리하면서 자신의 행위를 재인식할 계기가 되며 보육의 질 향상으로 연결될 것이라고 확신한다.

지금까지 내가 원장으로 있는 오오츠나 호이쿠엔에서는 모두 15명의 보육사를 해외에 파견했고, 7명의 보육자를 주로 북유럽에서 받아들였다. 이때 우리들이 항상 마음을 쓰는 것은 '체험한다'는 것이다. 해외 보육 실습의 묘미는 언어의 장벽을 넘어서 어린이들과 만나는 것이며, 보육사는 평소의 보육 기술을 구사해서 비언어적 소통을 도모한다. 이론으로 따지는 것이 아니라 어린이와 마음이 통하는 순간, 사회와 문화, 국경이나 인구 규모와는 상관없이 하나가 되는 느낌을 얻게 될 것이다. 커다란 틀의 기준에서 자신의 보육을 깨닫는 것이 바로 이 교류의 목적이다.

1. 차분한 보육자와 조용한 아이들

핀란드의 패이배코티와 교류를 시작하며 보육사의 체험 실습을 거듭하는 가운데 인상적인 말을 들었다. 이를테면 "이 나라에서는 옛날부터 학교 선생님을 '국민의 촛불'이라고 존경을 다하여 부른다"는 것이다. 어둠 속에서 빛을 비춰 주는 사람은 사람들을 이끌어 주는 존재로서 이 나라에서 교사는 누구나 동경하는 직업이라고 한다. 바른 지식과 도덕을 지니고 아이들과 마주하는 보육의 기본자세가 이 나라의 역사 속에서 얼마나 큰 의미를 지녔는지 이 말에서 미루어 알 수 있었다. 가슴속에서 뜨거운 것을 느꼈다.

삼림과 호수가 국토의 대부분을 차지하는 핀란드는 유사 이래 가난뿐만 아니라 스웨덴과 러시아의 정치 관계 속에서 굴욕적인 시기도 있었다. 기나긴 극빈의 시대를 벗어나게 된 계기는 스웨덴 왕국 시대의 행정과 사회적 기반의 정비, 종교적 교화를 목적으로 한 기초교육의 도입이었다고 말한다.

또한 제정 러시아 시대인 1866년에 기초학교법이 공포됨에 따라 학교 관리권이 교회에서 지방자치단체로 이양된 것도 그 뒤 문화 규범을 확립하는 데 커다란 영향을 주었으리라 추측된다. 오늘날 핀란드의 보육을 지탱하는 국민들의 높은 평가와 신뢰는 보육에 종사하는 것에 대한 경외심으로 뒷받침되고 있다고 생각한다.

우리들이 교류를 하고 있는 곳은 나안탈리(Naantali)라는 마을에 있는 패이배코티 두 곳이다. 60명 정원의 탐미스토 패이배코티는 건물 중앙에 코마를 배치한 듯한 독특한 건물이 특징이다. 높고 통풍이 잘 되는 원형 홀을 중심으로 보육실이 기능적으로 배치되어 있다.

140명 정원의 발핀 패이배코티는 아이들의 수가 마침 일본의 호이쿠엔과 비슷해서 흥미가 생겼다. 넓은 마당과 큰 보육실은 일본의 요치엔과 같은 모습이다. 거기에는 몬테소리 교육을 위시한 가지각색의 보육 프로그램 몇 가지가 준비되어 있었다. 그리고 선택한 반에 졸업 때까지 재적한다는 것이 원칙으로 되어 있었다.

이들 패이배코티의 공통점은 보육자는 차분하고 아이들은 조용하다는 것이다. 이 점에 대해서 우선 살펴보고 싶다.

2. 보육실의 생활 디자인

아이들이 조용한 것은 숫자가 적어서가 아니다. 보육실로 눈을 돌리면 보육 환경에 놀라게 된다. 외형으로는 흰색을 기조로 한 무기질의 공간이 많은 점이 특징이다. 우리는 거기서 아이들에 대한 배려가 넘쳐나는, 생활 디자인이라 부르고 싶은 어른들의 감각을 볼 수 있다. 여기서 우리가 간과한 두 가지 점을 깨달았다.

빛의 통제

도쿄타워와 레인보우 브리지의 라이트업 조명을 설치한 조명 디자이너 이시이 모토코가 핀란드에서 배웠다고 하여 핀란드의 조명 문화는 일약 유명하게 되었다. 그녀는 저서에서 "빛은 과학의 영역에서부터 종교나 철학에까지 침투하는 한없이 폭넓은 존재이지만 전기에너지의 발명 이후 '조명'이라는 협소한 기술 분야 속에 갇혀 왔다"고 쓰고 있다.

밝은 형광등 불빛이 비치는 보육실이 주위에 왜 많은지 다시 생각하게 되었다.

보육실의 소리에 주의

북유럽에는 보육실의 '소리'에 대한 학술 연구가 왕성하게 수행되었다. 이전에 어떤 보고서를 읽었는데 보육실에 언제, 어디서, 어떤 소리가 나고 있는지 여러 나라를 비교 조사한 것이었다. 그 조사 결과로부터, 보육 중에 발생하는 '데시벨(dB)'에 주의하는 것이 중요하다는 것을 알게 되었다. 일본 보육실의 '소리 환경'은 하루 내내 꽤 높은 수준에서 바늘이 진동하는 것이 특징이다. 텔레비전이나 비디오 시청이 당연한 요즈음 가정에서는 대음량에 지나치게 익숙하여 음의 강약이 없는 소리 환경이 많이 보인다는 것이다.

빛과 소리의 조절이 지니는 의의는 아이들에 대한 자극을 조절한다는 것이다. 하루의 생활 속에서 이런 점에 대한 배려는 예를 들면 활동 공간에서는 활동이 이루어지는 주위를 집중적으로 비춰 집중력을 끌어내고 휴식 공간에서는 높은 창으로 빛의 양을 조절하는 것으로 나타난다. 또한 창가의 커튼도 실용성보다는 색채를 연출하는 아이템으로 활용되고 있고 창가를 꾸민 몇몇 물건과 함께 북유럽의 생활 디자인이 반

높고 통풍이 잘 되는 원형 홀을 중심으로 날개 모양으로 보육실이 이어진다.

홀에서 계단을 올라가면 소꿉놀이 도구가 있는 다락방이 있다.

빛과 소리를 조절하는 배려가 스민 보육실 디자인.

그림책 방에는 어른 크기의 소파가 있었다. 아이들은 책을 너무 좋아한다.

영된 물품의 훌륭한 감각은 우리를 놀라게 했다.

'노키아의 휴대전화', '이딸라(littala)의 유리 제품', '마리메꼬
(marimekko)의 테이블웨어' 등 핀란드에는 세계적으로 유명한 뛰어난
디자인 제품이 많이 있다. 어떤 제품이든 공통적인 컨셉은 '심플'이다.
보육실에서 본 생활 디자인도 심플함 그 자체였다. 그것은 물건과 형태
의 아름다움이 아니라 거기서 보여 준 어른들의 감각이나 배려이다. 심
플함이 대비를 확실히 드러나게 하는 점도 느낄 수 있었다.

정보가 넘쳐나는 현대사회에서 보육을 하면서 무엇을 내세우고 무엇
을 전해 주고 싶은 것인가? 이해하기 쉬우면 아이들에게 '안심감'을 주
고 그다음 단계를 내다보는 힘을 길러 준다.

3. 핀란드의 보육을 떠받치는 보육자

아이들의 주체적인 자각을 촉진한다

핀란드의 아이들을 보고 있으면 우리는 그들의 어떤 점에 주목하게
된다. 아이들은 스스로 놀이 속에서 시간, 공간, 인간을 주체적으로 통
제하고 있다. 패이배코티의 생활을 보면 아이들은 자유롭다. 아이들은
놀이의 리듬도, 공간도, 친구와 보육자의 관계도 스스로 선택한다. 여기
서 말한 자유는 무엇이든지 가능하다는 것이 아니다. 가령 아이들 사이
에서 갈등이 일어나면 보육자가 나타나고 그 이유와 의견을 요구한다.
아이들이 어떤 의견을 말하는 것은 자유이지만 반드시 이유를 말해야

'모른다는 것을 자각하는 것'을 천천히 몸에 익혀 간다.

한다.

　취학전 단계부터 자기의 의사 표현을 중요하게 여긴다. 연령에 따라 이유를 제시하는 훈련을 해 간다. 여기서 보육자의 역할은 하루의 흐름을 만드는 것만이 아니다. '지금, 여기'라는 순간에 "왜 그렇게 생각해?", "왜 그렇게 느끼지?"라는 질문을 던져 아이들의 주체적인 자각을 촉진시키는 교육적 배려가 그 중심에 있다. 이러한 교육적 배려를 하는 보육교사는 학사 수료가 요건이며, 그것을 보완하는 보육사는 2~3년의 전문교육을 수료해야 한다.

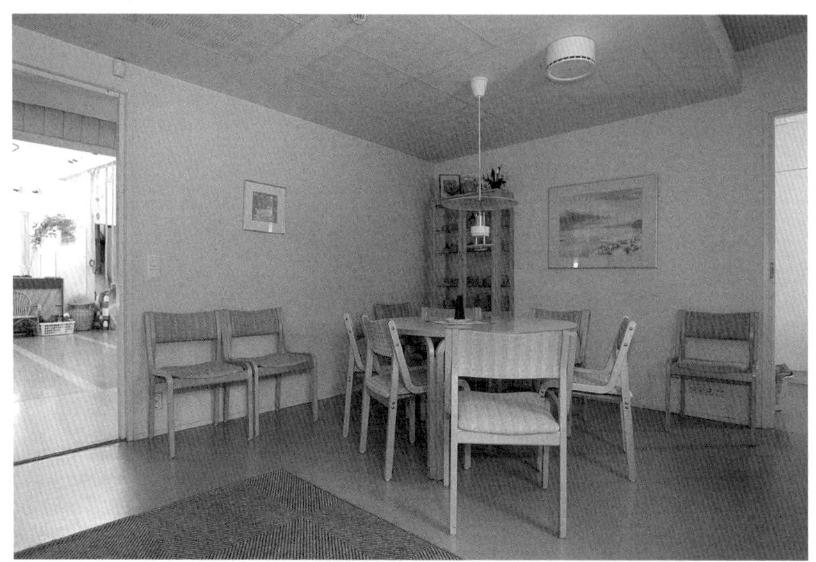

홀에 인접한 휴게실. 보육자는 아이들과 떨어져 휴식을 취한다.

고도의 전문직으로서의 보육교사

핀란드에서 보육교사가 되려면 현재 유럽 전역에서 진행되고 있는 교육개혁 프로그램 '볼로냐 프로세스'에 근거한 새로운 제도에서 180 단위의 교육학사과정을 수료해야 한다(헤이끼 마키파, 『평등사회 핀란드가 기르는 미래형 학력(平等社会フィンランドが育む未来型学力)』, 明石書店, 2007 참조). 핀란드의 교육과정에서 보육교사는 학습 활동에 정통한 전문가로서 고도의 지식과 실천력뿐만 아니라 사회적 · 윤리적인 입장에서 전문 분야 이외에도 사회 발전에 공헌할 기량을 요구한다.

핀란드의 보육은 주체적인 자각을 촉진해 가는 보육교사의 교육적 관점에 의해 지탱되고 있다. 구체적으로 예측을 하며 몰두할 수 있는 보육 환경이다. 시간이 지나면 반드시 할 수 있다는 편안한 느낌과 반복이 아이들의 차분함과 집중력을 끌어내고 있다.

아이들의 자기 이야기

실제 내가 본 보육 활동에는 친구들 앞에서 몇몇 아이들이 '자기 이야기'를 하는 시간이 있었는데 아주 인상적이었다. 천천히 낱말을 골라서 말하고 보육교사도 조용한 어조로 응했다. 그밖에도 둥글게 둘러앉아, 원 한가운데 눈부신 태양을 이미지화하여 태양의 따뜻함에 대해서 이야기를 나누고 침묵의 시간을 공유하며 이심전심 뭔가를 서로 전하는 게임도 보았다. 이는 앞서 말한 '빛과 소리'를 통제하는 좋은 실천 사례로 인적·물적 환경 두 측면에서의 배려를 짐작할 수 있었다.

실습에 참가했던 우리 호이쿠엔의 보육사가 놀란 것은 스무 명 정도의 모둠인데도 아이들이 오랜 시간에 걸쳐 조용하다는 것이었다. 핀란드 보육자의 표정, 동작, 말에서 우리들은 많은 것을 배웠다. 귀국 후에 우리는 즉시 자기 반의 보육에 이를 도입했다.

4. 안심과 평등을 토양으로 삼는 보육

핀란드 패이배코티와 교류를 거듭해 온 지 10년, 지기의 말 중에서 잊을 수 없는 말이 있다.

"우리들이 눈앞의 아이들에게 행하고 있는 행위는 언젠가 반드시 우리에게 돌아옵니다."

아이들에게 건네는 말이나 도움을 줄 때의 방식, '반'이라는 집단이 연상시키는 모둠 크기까지 그대로 자기 자신이 간호를 필요로 하는 연령이 되었을 때 돌고 돌아 자신에게 온다.

"남의 일이 아니라 장래에는 내 일"이라는 기분으로 보육을 하면, 우리들의 일상은 여전히 개선의 여지가 있다고 생각한다.

'시간'의 흐름을 다시 생각한다

핀란드 체험 실습에서 귀국한 보육사가 제일 먼저 했던 말이 반 아이들의 수와 보육교사의 차분한 행동, 그리고 아이들의 조용함이었다. 그러나 반 아이들의 수는 분명 특별하게 적은 것이 아니었다. 모둠 배치의 오묘함이라고 이해하자 우리 자신을 되돌아보며 쓴웃음을 지었다. 화제는 보육실에 감도는 '조용한 시간'에 모아졌다. 여기에서 어떤 감각의 차이에 생각이 미쳤다.

우리가 보육할 때 자주 '앞으로 몇 분'이라는 말을 사용한다. 아이들은 나름대로 이를 예고 메시지로 받아들여 다음 활동으로 이동해 간다. 다만 조금 더 놀고 싶은 아이들에게는 바로 거기서부터 중대 국면이 전개된다. 어떻게 놀이를 연장할까에 전력을 기울이게 되고 보육사와의 갈등도 그 순간부터 서서히 커져 간다. 결국 시간이 지나면 지날수록 놀이의 리듬은 깨지고, 보육사의 편안한 마음도 사라지며 아이들의 조용함도 멀어져 간다.

시간에는 '채워져 가는 시간'과 '사라져 가는 시간' 개념이 있다. 같은 시간을 보내더라도 제한된 시간을 보내는 것인지, 필요한 시간을 쌓아 가는 것인지에 따라 기분이 다를 것이다. 핀란드의 보육에는 '아직 몇 분이 남았다'는 메시지를 나타내고 있다. 보육의 목적이 같다면 제한된 빡빡한 시간 속에서도 '아직 몇 분이 남았다'는 식으로 시간을 쌓아 갈 수 있지 않을까?

새로운 '공간'의 창출

그러나 머리로는 이해해도 정원이 200명이나 되는 호이쿠엔의 경우 현실적으로 급식 시간의 제약도 있고, 시간의 흐름을 재점검하는 작업에서는 상상 이상으로 어려움이 따랐다.

2005년 4월 해외 보육기관과의 교류 성과를 구현하기 위해서 일본에서는 그 유례를 찾아볼 수 없는 '아웃리칭(outreaching)'이라는 함께 가기 형태의 보육 스타일로, 전혀 새로운 형태의 호이쿠엔을 열었다.

그것이 분원 '오오츠나 숲의 호이쿠엔'이다.

핀란드는 '자연 향수권'이라는 개념이 있다. 모든 사람은 땅의 혜택을 누려야 한다는 생각을 공유하고 있다. 몇 가지 규칙을 지키는 한, 개인이 갖고 있는 땅을 포함해서 누구라도 숲 속에 들어갈 수 있다. 나무 열매나 버섯, 들에 피어 있는 풀을 채집할 수 있다. 우리들이 새로운 호이쿠엔에 기대한 것은 제한된 인공적인 공간이 아니라 자연 속을 종횡무진 달릴 수 있는 환경, 핀란드와 같이 지역사회에 의해 지원받고 보호

오오츠나 숲의 호이쿠엔 정원.

받는 보육 환경을 스스로 만들어 가는 것이었다.

　오오츠나 숲의 호이쿠엔은 여러 땅주인들의 협력으로 지저귀는 새소리를 들을 수 있는 푸른 경관과 화초가 흐드러지게 핀 광대한 놀이 공간을 얻었다. 무엇보다 감사한 것은 사유지 숲을 가로질러 즐겁게 산책할 수 있도록 허락해 주었다는 것이다. 언제라도 자유롭게 들어갈 수 있기 때문에 환경을 지키고자 하는 의식이 깃든 핀란드식 환경 보육을 여기 호이쿠엔에서 실천할 수 있게 되었다. 자연 속에서 사는 제일의 장점은 놀이를 다시 준비할 필요가 없다는 것이다. 놀이를 계속할 수 있다는 것은 실질적으로 시간을 보장하는 것과 같은 가치가 있다고 생각한다.

이어져 있는 '인간'

　자연 속에 들어가 보면 같은 것은 하나도 없고 자연의 모든 것이 독창적이고 최고의 존재라는 것을 느낄 수 있다. 보육과 교육의 출발점은 우선 이 개성을 깨닫는 것이라고 생각된다. 한 사람 한 사람이, 그리고 하나하나가 모두 다르기 때문에 재미있다.

　내가 핀란드에 끌리게 된 것은 무민의 동화를 만난 것이 계기였다. 토베 얀손의 작품에 "이것도 저것도 확실한 것은 없어, 그것이 나를 안심시켜"라고 말하는 한 구절이 있다. 모른다는 것이 소중하다는 좌표로부터 보육과 교육의 새로운 방향이 그려진다. 아이부터 어른까지 무민트롤 이야기를 즐기는 이유는 읽는 사람의 상상력에 맡겨진 이야기 때문이다. 그것은 자유재량의 보육과 같은 뜻이라고 생각한다.

　지금 '왜' 핀란드인가? 세계적으로 주목받는 핀란드의 탁월한 교육 시스템을 지탱하고 있는 것은 점수나 표준점수를 올리기 위한 방법론이 아니라 핀란드 사람들이 중요시해 온 '안심'과 '평등'이라는 두 가지 개념이라고 생각한다. 올바른 지식과

오오츠나 숲의 호이쿠엔, 원아들의 산책.

도덕을 갖고 아이들과 서로 마주하는 보육의 기본자세를 품으며, 우리들 한 사람 한 사람이 서로 지탱하고 이어져 있는 것에 의해 보다 좋은 사회가 되었으면 한다.

"육아는 다른 사람이 아니라 부모가 우선 아이들과 서로 마주 보는 것"이라고 핀란드 대사관에서 리사 칼비넨 참사관이 들려준 말을 매일 깊이 음미하고자 한다.

※ 이 글은 『보육통신』 2006년 4월호를 바탕으로 가필 · 재구성한 것이다.

여름 호수에서 자연의 품에 안겨.

4 핀란드 육아 지원 시스템의 변화 과정

—타카하시 무츠코(키비 국제대학)

아이의 탄생에서 유아기에 걸친 시기는 아이에게도 부모에게도 더할 나위 없이 소중한 시간이다. 아이들의 모습은 그 사회의 성숙도를 반영해 주는 거울이기도 하다. 보육, 유아교육, 학교교육이라는 어린이를 위한 사회제도는 핀란드에서도 오랜 세월에 걸친 프로젝트의 성과이고, 정책의 재편이나 개혁의 작업에 종지부는 없다. 핀란드는 복지국가 그 자체가 다른 북유럽보다도 늦은 1960년대부터 발전했다. 특히 지자체 보육 서비스는 늦게 시작했지만 70년대부터 80년대에 걸쳐 급속도로 정비되었다. 게다가 1980년대 중반부터는 재택육아수당이, 그리고 90년대 후반에는 민간보육수당이 도입되어 보육 지원 제도는 다원화를 이루었다.

여기서는 현행 제도의 내용, 북유럽 여러 나라와의 대비, 육아론, 가족의 변용 등을 중심으로 핀란드의 육아 지원의 특징에 대해 밝히고자 한다.

1. 핀란드의 보육 지원과 유아교육 시스템

아이가 있는 부부가 가족(아이의 조부모나 친족), 보호자의 지인이나 이웃과 같은 비공식적 보살핌에 의지하지 않고 육아와 취업을 양립할 수 있으려면 사회의 지원이 큰 의미를 갖는다. 아이에게는 영유아기의 보호자와의 애착 관계의 구축, 안정된 인간관계·유대의 형성, 적절한 유아교육의 기회가 반드시 필요하다. 〈그림 1〉은 육아 지원과 유아교육을 포괄적으로 취급한 복지 시스템의 개관을 보여 준다.

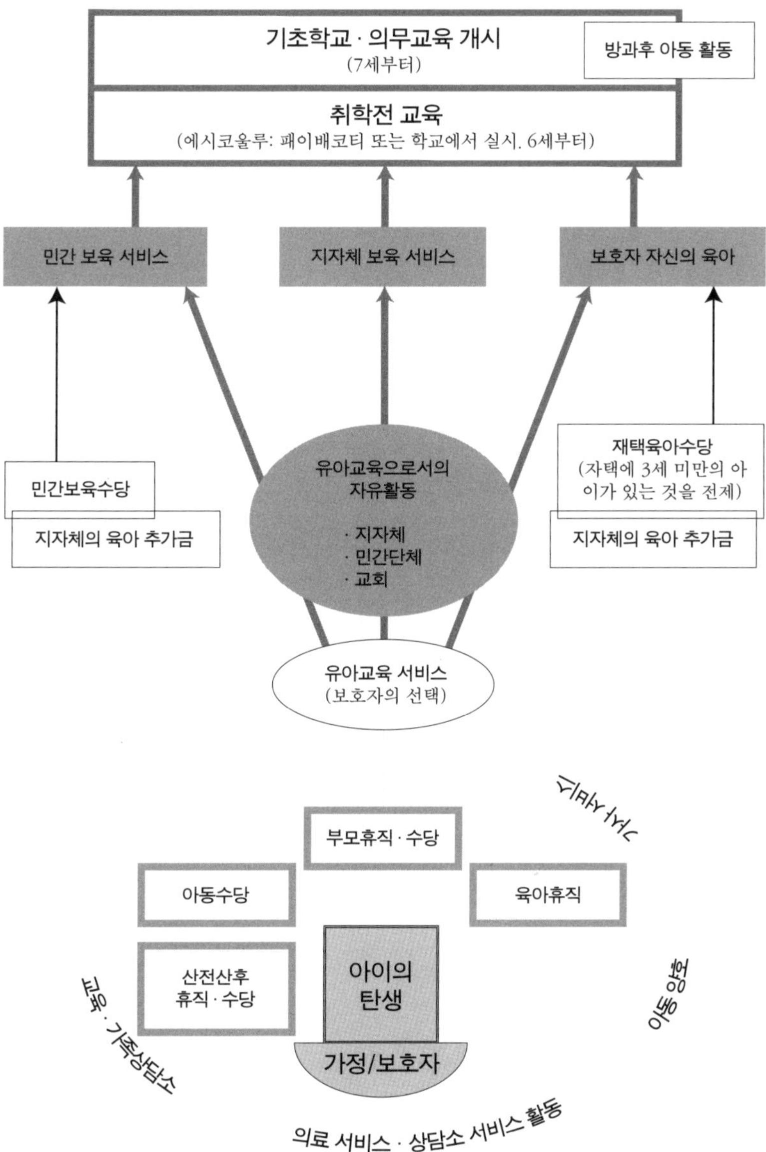

출전 : Ministry of Social Affairs and Health 2004, p. 7. 일부 고침.

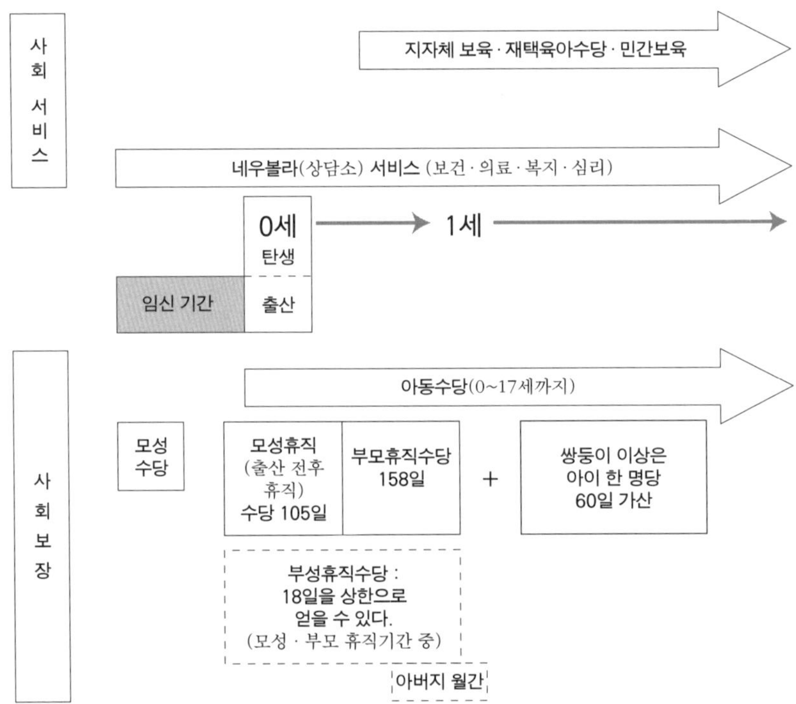

모성수당 : 육아 패키지 혹은 현금(유로) 중 어느 것이든 선택할 수 있다. 임신 154일 이상에서 4개월 째까지 임부 검진을 받는 것을 조건으로 한다.
아버지 월간 : 부모휴직 기간의 마지막 12일간에 1~12일 가산한 아버지 전용의 휴직이다. 어머니 산 휴 직후 부모휴직 기간의 최종일부터 계산해서 180일 이내에 얻어야 한다.
출전 : 핀란드 국민연금청 KELA 자료(http://www.kela.fi)에 기초해 작성

아이의 출생 전후부터 1세까지의 기간에 대해서 사회 서비스와 사회 보장은 〈그림 2〉에 나타나 있다. 상담소 서비스 외에 산전산후 휴직, 부 모휴직 및 육아휴직 제도가 복지 보장으로 정비되어 있다. 보육 서비 스 · 상담소 서비스부터 고령자 보호 서비스에 이르기까지 오늘날 북유 럽의 사회복지 서비스에는 '사회 서비스'라는 개념이 정착되어 있다.

다시 말해서 서비스 이용자에 대해서 사회적 약자만을 대상으로 한정한 전통적인 사회복지 서비스에 그치지 않고, 시민 누구나가 각자의 생활 주기에 따라 이용하는 것을 전제로 제도화되어 있다.

사회 서비스로서의 보육 서비스

사회 서비스(sociaalipalvelut) 개념이 핀란드 사회정책에 등장한 것은 1960년대였다. 그 이전의 사회정책론에는 소득 재분배라는 경제적 측면에 초점이 맞춰져 있었고 서비스는 직접적으로 논의되지 않았다. 육아 보호나 보육 사업은 사회복지사업의 한 가지 범주로서 그 대상은 빈곤 문제 등을 겪는 사회적 약자에 한정되었다.

아우비넨(Riitta Auvinen)은 사회복지사업이 전통적으로 개인이 주위 환경에 적응하게 하는 것을 목적으로 하는 데 반해, 사회 서비스는 개인의 필요에 보다 잘 적응할 수 있도록 사회 환경을 창출하는 것이라고 단적으로 말하고 있다.[1]

1970년대의 여러 가지 개혁을 거쳐 국가와 지자체는 사회 서비스에 대해서 양질의 서비스를 적정한 비용으로 제공할 수 있도록 감독·운영하는 책임을 졌다. 사회 서비스는 구체적으로는 보살핌 서비스로 공업화의 진전에 따라 분열된 개인의 생활을 재통합한다.[2] 오늘날 보육 서비스는 이와 같은 사회 서비스의 전형이다.

오늘날 핀란드에서는 0세 아이의 보육자(특히 어머니)가 육아와 일을 병행하느라 분주할 일은 거의 없다. 어머니(산전산후)휴직과 부모휴직을 합치면 263일이며 휴직 중의 소득에 대해서는 휴직 전의 임금 수입의 약 70%가 보장된다. 핀란드에서 부모휴직이 처음으로 제도화된 것은 1964년(질병보험제도 개혁)이다. 당초 휴직 기간은 산전 18일 산후 36일이었지만 오늘날까지 제도 개혁을 거쳐 이와 같은 휴직 기간으로 연장되었고, 또한 아버지를 위한 휴직도 추가되었다.

출생 전부터의 사회보장

아이의 출생 전 사회보장으로서 모성수당(äitiysavustus)은 핀란드 특유의 제도이다.

임신 약 5개월(154일) 이상으로 핀란드에 거주하고, 여기에 임신 4개월까지 임부 검진을 받은 여성은 국민연금청(KELA)에 출산 예정일 2개월 전까지 신청하면 육아 패키지(äitiyspakkaus, 핀란드어로 모성과 패키지라는 낱말의 합성어로 육아 패키지'는 의역이다. 임부의 건강관리에 대한 계기로서는 좋은 안이지만 육아는 곧 모성의 역할이라는 시각으로 간주될 수 있다. 판매가격 274.15유로), 혹은 현금수당(140유로, 비과세) 어느 것이든 받을 수 있다. 육아 패키지 쪽이 인기가 높다.

2003년 제도 개정에 의해 다태출산 또는 출산과 함께 양자를 입양하는 경우, 모성수당은 두 번째 아이에 대해서는 2배, 세 번째 아이에 대해서는 3배 지급한다. 모성수당은 당초에는 저소득층 어머니들에게 임부 검진을 정착시킬 것을 목적으로 1937년에 법제화했고, 1949년에는 소득 제한이 철폐되어 오늘에 이른다. [3]

아동수당(lapsilisä)은 핀란드에 거주하고 있는 모든 아이들에게 성인 연령인 18세에 이르기까지, 핀란드에서 아이를 출생한 시기, 혹은 핀란드로 이주한 시기를 기점으로 지급된다. 아동수당은 보호자의 수입에 관계없이 1세대의 아이 수에 대응한 정액이 지급된다. 기본액(월액)은 첫아이는 100유로, 둘째아이는 110.50유로, 셋째아이는 131유로, 넷째 아이는 151.50 유로, 다섯째 이후는 1명당 172유로이다(2007년 4월)(표 1). 한부모가정(보호자 1인과 미성년자로 구성된 가정)에 대해서는 아동수당 에 추가금이 가산된다. 이 전국의 일률적인 기본액과 한부모가정 추가 금에 덧붙여 지자체 독자적인 추가금을 지급하고 있는 시·군·구도 있 다.

〈표 1〉 아동수당 (엔)

핀란드		일본	
첫째아이	약 16,400	3세 미만	10,000
둘째아이	약 18,100	3세 이상	
셋째아이	약 21,500	첫째, 둘째아이	5,000
넷째아이	약 24,800	셋째아이 이하	10,000
다섯째아이 이하	약 28,200		

2007년 4월 현재 (1유로=164엔)

각국의 사회보장제도의 발달 과정에서는 노령·질병연금에서 시작 하여 실업수당이 더해지고, 나아가 아동수당으로 확충되는 패턴이 일 반적이지만, 핀란드에는 1947년 아동수당을 시작으로 다른 각종 연금 이나 수당의 사회보장제도가 정비된 경위가 있다. 당시는 출생률이 2차 세계대전 후 최고 수준이어서 이때 아동수당을 도입한 것은 인구정책 적인 의도에 의한 것은 아니었다. 아동수당의 도입은 노사 교섭에서 임 금 인상 요구를 진정시키기 위한 것으로 간주된다.[4]

이 외에 10세 미만 아이의 보호자가 피고용자라면 아이가 갑자기 병에 걸리거나 다쳤을 때 조치(간병이나 통원 등을)하기 위하여 임시 육아휴직(tilapäinen hoitovapaa)을 연간 4일까지 쓸 수 있다. 이것은 별거 중의 보호자에게도 적용된다. 임시 육아휴직 중의 급여 지불은 고용계약에 정해 놓지 않았다면 사용자의 책무는 아니다.

지자체 보육 서비스

1973년 보육법에 의한 책임의 명확화

핀란드에서 지자체를 운영 주체로 삼은 지자체 보육 서비스가 제도화된 것은 1970년대에 들어서면서부터다.

1973년에 '보육법(Päivähoitolaki)'이 제정되고 보육 서비스에 대한 지자체의 책임이 명기되었다.

지자체 보육 서비스의 내용은 보육소 육아와 가정보육 서비스로 나뉘진다. 지자체 보육 서비스의 수용 인원수는 우선 가정보육을 중심으로 확충되기 시작하고, 뒤이어 지자체 보육소도 정비되어 1980년대 말까지는 보육의 수요를 따라잡을 정도가 되었다. 가정보육은 1~2세 유아가 이용하는 것이 많고 아이의 연령이 높아질수록 보육소 이용이 증가되는 경향이 있다. 1990년대 전반에 재택 이외의 보육을 받고 있는 것은 0~6세 아이 중 약 40%가 해당되며, 나머지는 자택에서 부모 중 어느 한편에 의한 육아, 혹은 일곱 명 중 한 명꼴로 조부모나 지인, 친구 혹은 그 밖의 보육자가 보육하고 있다고 한다.[5]

전문직으로서의 유아교사

지자체 보육 서비스의 주된 분야라고 할 수 있는 보육 서비스에서는 유아교사(보육교사)와 보육사가 학령 전 아이들의 보호와 유아교육을 수행하고 있다. 핀란드 유아교사는 대학원 석사 수준에 해당하는 교육학부 유아교육 전문과정을 수료한 전문가들이다. 따라서 보육소 서비스는 '육아와 일을 병행하고자 하는 보호자에 대한 지원'에 머무르지 않고 유아교육을 받는 아이들의 권리 실현이라는 중요한 역할을 담당하고 있다.

현재 보육소 서비스의 요금은 세대별 자녀수와 보호자의 수입에 따라 정해지며 월액은 18~200유로 정도이다. 한 아이의 보육소 서비스 이용에 대해 보호자가 부담하는 상한액은 200유로이며 둘째아이는 상한액이 180유로이다. 반일 보육이라면 보육 시간에 따라 최저 한도의 요금이 든다. 스태프의 교육훈련 수준이나 설비 면의 교육 환경적 관점에서 생각해 보더라도 염가로 양질의 보육 서비스가 제공되고 있다고 할 수 있다.

지자체 보육소의 변천

지금이야 지자체 보육소가 전국적으로 정비되었지만 그렇게 오랜 역사를 지닌 것은 아니다. 보육소의 맹아기는 수도권과 도시에서 사립유치원이 드문드문 나타나기 시작한 1860년대부터 1880년대까지였다. 19세기의 핀란드는 신분(관료, 교회, 평민)과 계급(유산, 노동자), 젠더, 농촌-도시라는 구획이 자명했던 사회이고 학교교육제도의 논의와 관련해서 유치원이나 보육소의 바람직한 모습이 논의되었다.

1830년대와 40년대에는 노동자 가정의 2~7세 아이들을 대상으로 하는 (사립) 유아학교[6]가 헬싱키를 중심으로 운영되었다. 이는 보육과 유아교육의 통합을 목표를 했는데, 페스탈로치 등 중유럽 유아교육사상의 영향을 강하게 받아 핀란드에서는 작가 토펠리우스(Zachris Topelius, 1818~98) 등 문화인들이 지지했다. 이에 대해 교육철학자 시그나에우스(Uno Cygnaeus, 1810~88)는 학교교육과 유치원의 구별을 중시하고 전적으로 프뢰벨 학파의 유아교육을 지지하여, 유치원을 여자교육(여성을 위한 보육교육)의 일부로 평가했다.[7]

유치원은 당초에는 교육행정의 관할 하에 있었고 1924년에 사회보건성의 관할로 바뀌었다. 같은 시기 사회적 약자 구제로서 아동보호·양호는 교회나 민간 자선단체의 활동으로 실시되었지만 일반인 대상의 서비스는 없었다. 1936년 아동보호법에 지자체의 보육시설 설치가 법제화되었지만 빈곤 대책의 색채가 강하고 시설의 수나 질도 불충분했다. 아동 가족을 위한 보편적인 보육 서비스나 보육소 제도화는 1973년에 이르러야 비로소 가능했다. 1940년대 이후 지자체 보육은 여전히 저소득 세대의 여성 취업을 가능하게 하기 위한 것으로, 빈곤 예방 효과가 중시되었다.[8] 60년대 초 핀란드에서는 여성들이 공적인 보육 서비스가 미비된 상태에서 경제적 필요 때문에 일을 했다.[9]

2. 육아 지원의 다원화

핀란드의 육아 지원은 1970년대부터 지금까지 전적으로 지자체 보육 서비스에만 충실했던 것은 아니다. 1980년대 전반과 90년대 후반의 제도 개혁에 따라, 지자체 보육 서비스뿐만 아니라 재택육아, 나아가 민간 육아 서비스 이용자에 대한 수당금 지급이라는 아동보육의 다양화가 계속 진행되어 왔다. 아동의 주간 보육(daycare) 이용 현황은 〈그림 3〉과 같이 분포되어 있다.

재택육아수당

재택육아수당법(Laki kotihoidontuesta, 1985년)에 의하면 3세 미만의 아이가 지자체 보육 서비스를 이용하지 않고 보호자가 집에서 육아를 하면 재택육아수당(기본수당 월액 294.28유로) 지급 대상이 된다. 같은 세대

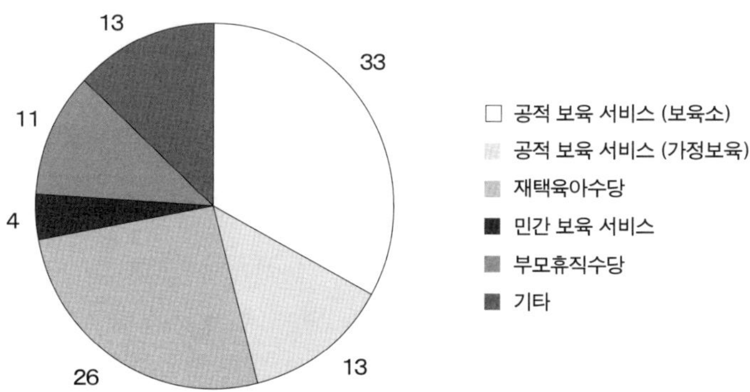

〈그림 3〉 형태별로 본 핀란드의 0~6세 아동 육아 (2005년 말, %)

출전 : Kansaneläkelaitos 2006 *Kelan tilastollinen vuosikirja : sosiaaliturva 2006*, Helsinki.

에 3세 미만의 아이 이외에 학령 전의 아이가 있어 지자체 보육을 이용하지 않고 집에서 육아를 한다면 재택육아수당은 그 아이에 대해서도 지급된다. 재택육아수당은 모성·부모 휴직 기간이 끝나자마자 지급되어 가장 어린 아이가 만 3세에 달하든지, 지자체 보육으로 옮길 때까지 지급된다. 7세 미만의 아이가 여럿인 재택육아수당 수급세대는 기본 금액에 더하여 추가금의 지급 대상이 된다. 추가금은 3세 미만의 첫째아이는 94.09유로로, 둘째아이 밑으로는 1인당 60.49유로이다.

민간보육수당

민간보육수당(yksityisen hoidon tuki)은 1996년 법률에 근거하여, 부모가 휴직이 종료되는 시점에서 의무교육 시작 전까지(아이가 1세부터 6세 사이)를 지급 대상 기간으로 하고, 기본수당은 아이 1명당 월 137.33유로이다(추가금은 세대의 수입에 따라 정해지고, 지급액은 134.55유로를 상한으로 한다).

민간보육수당의 범주에 있는 민간보육 서비스 공급자로는 ① 법률에 따라 지자체 위원회에 신고한 개인이나 단체로 보수를 받고 보육 서비스 사업을 수행하는 자, 혹은 ② 보육에 대해 아이 보호자와 적어도 1개월 이상 보육 계약을 한 자(같은 세대 가족은 제외)를 가리킨다. 후자와 관련해서 친척이나 친구 등이 보육 계약도 없이 무보수로 아이를 보육하는 경우에는 민간보육수당은 지급되지 않는다. 그러나 지자체 보육 서비스를 이용하지 않는 3세 미만의 아이에 대해서는 재택육아수당이 적용된다.

3세 미만 아이의 보호자 중에 지자체 보육 서비스를 이용하지 않을 경우에는 재택육아수당이든 민간보육수당이든 어느 쪽이나 선택이 가능하다. 처음에는 이들 두 종류의 수당을 병용하지 않았지만, 제도 개정에 따라 2007년 4월부터는 같이 할 수 있게 되었다. 예를 들면 3세 미만의 아이는 재택육아수당을, 3세 이상 7세 미만의 형제자매는 민간보육수당을 동시에 받을 수 있다.

어린이의 권리로서 지자체 보육 서비스

핀란드에서는 1980년대 전반의 육아 지원 제도 개혁을 둘러싸고 여당과 야당 간의 공방과 교섭이 있었다. 그때 적토정권(red earth, 사회민주당(적)과 핀란드중앙당(토) 두 당이 주요 여당) 내부에서 자영업자(피고용자가 아닌 취업 형태, 실질적으로 핀란드중앙당 지지층)를 위한 육아 지원책으로 핀

〈표 2〉 핀란드 의회 정당별 의원수 (2007년 3월 총선거 후)

정당명	합계 (명)	남성	%	여성	%
핀란드중앙당	51	36	71	15	29
국민연합	50	30	60	20	40
사회민주당	45	20	44	25	56
좌파연합	17	14	82	3	18
녹색연맹	15	5	33	10	67
스웨덴인민당	10	4	40	6	60
기독교민주당	7	3	43	4	57
참핀란드인당	5	4	80	1	20
합계	200	116	58	84	42

출전 : http://www.eduskunta.fi/triphome/bin/tixhaku.sh?lyh=hex8160?lomake=tix5050
(2007년 6월 7일)

란드중앙당에서 재택육아수당의 제도화를 요청했다. 이는 보육 서비스가 사회민주당을 중심으로 하는 정권 하에서 피고용자(임금노동자 육아와 일의 병행) 맞벌이 세대를 기본 모델로 하여 가족 정책을 추진해 왔던 것에 대한 문제 제기였다. 결과적으로는 3세 미만의 아이를 자택에서 양육하는 보호자에 대해 재택육아수당이 도입됨과 함께, 지자체 보육 서비스의 이용에 대해서는 3세 미만 아이의 주체적 권리로서 새롭게 자리 매겨졌다(약 10년 후에 민간보육수당이 도입되었을 때, 지자체 보육 서비스에 대한 어린이의 주체적 권리는 6세까지 확대되었다).

지자체 보육 서비스에 대한 '어린이의 주체적 권리'화는 육아 지원의 다원화 중에서 지자체 보육의 약체화를 염려한 좌파 정당(녹색연맹과 사회민주당)의 발안에 따른 것이었다. 지자체 보육에 관한 어린이의 주체적 권리 확대는 1995년 총선거 후 조각 협의 끝에, 녹색연맹의 발안에 따라 신내각 정책 프로그램의 일단으로서 채택되고 1996년에 법 개정을 거쳐 실현 단계에 이르렀다. 지자체 보육 서비스의 이용이 보호자(취업자)의 권리로서 자리 매겨진 시기에는 보호자 어느 쪽이든 모성·부모 휴직수당을 받고 자택에서 육아를 하는 경우 그 아이(1세 미만 아이)의 형제자매는 지자체 보육 서비스 이용을 중단하지 않을 수 없었다.

제도가 개정된 뒤에는 지자체 보육 서비스 이용은 학령 전 아이들 한 사람 한 사람의 권리가 되어, 보호자 취업 형태나 형제자매의 육아·보육 상황의 차이에 좌우되지 않았다.

보육 서비스에서 '민간'의 의미와 역할

복지·의료 서비스와 민간보육수당

앞서 진술한 민간보육수당의 도입에 대해서는 1990년대 전반의 중도·보수정권 시대에 보수당·국민연합의 적극적인 요청이 있었다. 여당의 이해를 가족 정책에 반영한다는 점에서 이는 1980년대 전반기에 여당 정권 중 하나인 핀란드중앙당이 재택육아수당을 제도화한 패턴과 유사하다. 핀란드에서는 다른 가치관이나 이해가 상충하는 논쟁을 거쳐 정치적·사회적 합의를 형성해 간다. 육아 지원 제도의 다원화가 보여 주는 핀란드의 합의 정치는 하나의 가치관 아래 전체를 묶는 일원화와는 대조적으로 다원주의를 특징으로 하고 있다.

그러나 국민연합이 민간보육수당에 마음을 쓰는 배경을 이해하면 육아 지원만이 아니라 오늘날과 같은 핀란드의 복지·의료 서비스 공급의 특징을 파악하는 데도 도움이 된다. 국민연합의 지지 기반은 도시에 사는 기업가·실업가들이 중심이다. 복지·의료 서비스 공급에서 민간 사업주는 지역이 아니라 도시, 지리적으로 보면 수도 헬싱키권, 탐페레, 투르쿠 등 도시화·공업화가 가장 많이 진행되어 있고 인구가 집중한 남서부에서 활로를 찾았다.

원칙으로는 핀란드의 복지·의료 시스템은 전국 어느 지자체에 살더라도 균질의 높은 서비스를 제공받는 것으로 되어 있다. 이는 1970년대부터 1980년대에 걸친 복지국가의 확대·충실기에 제일의 목표로서, 도시와 지방 사이의 평등을 추구했다. 실제, 시민생활을 넓고 치밀하게 지원하는 광의의 복지국가가 형성되어 갔다. 다른 한편 1993년 지방자치제도 개혁을 계기로 복지·의료 서비스 공급에 민간 부문의 존재가 재인식되었다. 의료 서비스에서는 민간 기업이 도시 지역의 일차 의료 서비스 수요에 대응해 클리닉을 경영하고 있다. 수익성이 높은 점에서 의료 서비스는 복지 서비스와 구별되어야 하지만, 민간 부문의 진출·정착의 정도에서 보면 이제는 주요 도시와 그 이외의 지역은 별세계라고 해도 과언이 아닐 정도로 차이가 있다.

복지 서비스 분야에서 활동하고 있는 민간 사업주(51%가 기업체)는 2005년 말 3,550개, 그중 1,490개는 남서부 주요 도시에 있다. 보육 서비스에 종사하고 있는 것은 667개 단체로, 최다 1,361개 단체가 활동하고 있는 고령자 복지 분야에 이어 두 번째를 점유하고 있다. 2004년부터 2005년에 걸쳐서 사업주 수는 275개가 늘고, 고령자 서비스가 딸린 주택, 재택 개호 서비스, 어린이·청소년 시설·가정 의료 분야에서 증가하고 있다.[10] 민간보육 서비스의 이용 상황의 추이는 보육 서비스 전체 동향과 함께 〈표 3〉에 나타난다.

〈표 3〉 보육 서비스 이용 상황의 추이(1997~2005년, 사람 수)

	1997	1998	1999
지자체 보육 서비스 합계	219,380	218,304	214,967
지자체 보육소	131,980	133,341	132,938
지자체 가정보육	78,389	75,706	72,429
민간보육 서비스 계약	9,011	9,257	9,600
민간보육 서비스 합계	9,710	12,760	13,820
민간 보육소	2,394	6,460	6,507
기타 민간보육 서비스	7,316	6,400	7,313
보육 서비스 총합	229,090	231,064	228,787
0~6세 인구 총합	445,328	436,772	427,688

출전 : *Tilastokeskuksen kuntien toimintatilasto* 인터넷 데이터베이스 Sotka (http://varttua.stakes.fi)

아동 복지 정책의 민간 주도

보육 서비스 이용 상황의 추이는 전체 추세로서는 큰 변화가 없다. 지자체와 민간 보육 서비스 이용자 합계는 0~6세아 전체의 약 절반에 상당한다. 그러나 보육 서비스 이용 내역에는 민간 보육소 이용의 높은 증가(1997년 2,394명에서 2005년에는 8,197명)와 지자체 가정보육의 이용 감소라는 변화가 보인다. 1997년 민간보육 서비스 이용자는 9,710명(지자체 보육 서비스는 21만 9,380명)이었지만 1998년에는 1만 2,760명(지자체 21만 8,304명)으로 증가하고, 그 이후에도 계속 증가하여 2005년에는 1만 5,368명(지자체 18만 6,058명)에 이르렀다. 한편, 지자체 보육 서비스 이용자는 1997년부터 2005년 사이에 약 3만 3,000명이 감소했는데, 그 내역은 약 3분의 2가 지자체 가정보육, 나머지는 지자체 보육소였다. 0~6세 아이의 전체수 감소와 함께, 1997년 유아(3세 미만 아이) 대상의 재택육아수당의 증액이나 민간보육수당의 개시도 영향을 끼쳤던 것으로 보인다.[11]

2000	2001	2002	2003	2004	2005
200,487	197,136	193,089	190,653	185,781	186,058
121,676	122,322	120,723	120,699	118,751	121,826
68,630	65,125	62,817	59,998	57,653	54,979
10,181	9,689	9,549	9,956	9,337	9,253
14,060	14,511	14,449	14,114	14,851	15,368
5,986	6,714	7,531	7,559	8,112	8,197
8,074	7,797	6,918	6,555	6,739	7,171
214,547	211,647	207,538	204,767	200,632	201,426
419,710	411,026	403,648	399,889	398,826	400,107

나아가 보육 서비스 공급이나 이용 상황의 추이와 더불어 장기적인 관점에서 돌이켜보면 민간단체는 어린이 복지 정책·제도화를 이루어 나가는 데 있어서 결정적인 이니시어티브를 발휘해 왔다. 만네르헤임 아동보호연합은 1920년(독립·내전 직후)에 창설되었고, 현재에는 전국에 13개 지부와 565개 활동 모임으로 이루어진 네트워크를 갖고 있다. 핀란드 모자의료보건 서비스 개척자 윌포(Arvo Ylppö, 1887~1992)는 1920년부터 1960년에 걸쳐 이 단체의 회장을 역임했다. 윌포는 헬싱키 대학의 소아 역학(疫學) 교수로서 모자의 건강이나 육아 상담에 전문가들이 대응하는 상담소 네우볼라 사업을 전개함으로써 유아사망률(그림4)이나 주산기사망률(周産期死亡率)을 극적으로 낮출 수 있었다. 이와 같은 상담소는 동연합의 사업으로서 시작하여 전국적으로 보급되었다. 1944년 법률 제정에 따라 동연합의 상담소 활동이 법제화되어 지금에 이른다.

〈그림 4〉 핀란드의 유아사망률(명) 추이 (1751~2006년)

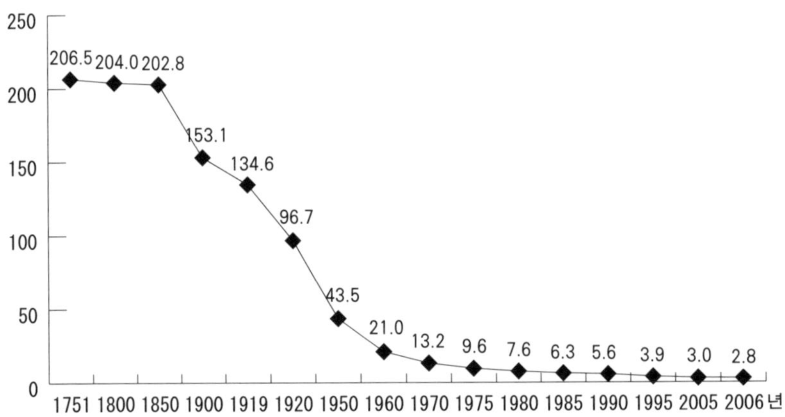

유아사망률 : 출산 1,000명당 1세 미만 아이의 사망자 수. 일본에서도 1900년의 155.0에서 2004년 2.8로 감소

출전 : http://www.tilastokeskus.fi/til//kuol/2006/kuol_2006_2007-04-20_tie_001.html

현재 만네르헤임 아동보호연합 본부의 임원 수는 약 60명이지만 참가 회원은 1만 명을 상회한다. 활동 내용은 가족·어린이 복지 정책에서 정부에 대한 압력(로비 활동) 외에 영유아를 데리고 부담 없이 들를 수 있는 패밀리 카페(약 370개소), 어린이 여가활동 클럽(약 1,100개소), 학생들을 위한 방과후 클럽(90개소), 일시적 혹은 단기간·단시간 보육 서비스, 어린이를 위한 상담(전화·메일), 보호자를 위한 육아 상담(전화·메일), 보육사나 자원봉사 활동 요원 연수 등 다양하다. 만네르헤임 아동보호연합이나 인구연합(1941년 창설, 소속단체 30개, 스태프 145명)은 전통과 실적이 있는 민간복지단체로서 정부와의 연합 제휴도 강하다.

유아교육과 육아 지원의 관계

보육 서비스와 유아교육 서비스

앞서 기술한 것처럼 핀란드 보육소는 보육 서비스와 유아교육 서비스라는 이중 역할을 담당하고 있다. 최근에 핀란드 정부는 OECD 보고서 『인생의 시작을 힘차게: 유아교육과 보살핌(*Starting Strong: Early Childhood Education and Care*)』(2001)과 『인생의 시작을 힘차게 II : 유아교육과 보살핌(*Starting Strong II: Early Childhood Education and Care*)』(2006) 및 국내의 정책 평가·연구에 근거하여 유아교육을 향상시키기 위해 애쓰고 있다. 핀란드는 학령 직전의 6세아 취학전 교육에서는 참가율이 96%(2006)에 달하고 있지만, 유아교육의 장에서 3~5세 아이들의 보육 서비스 이용은 다른 북유럽 여러 나라와 비교할 때에 상대적으로 낮다(그림 5). 이러한 상황은 1980년대 이후의 핀란드 육아 지원의 다원화를 반영하고

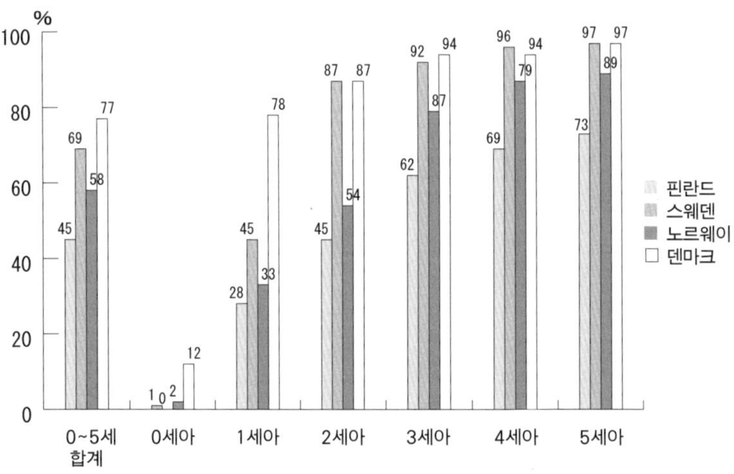

출전 : *Nordic Statistical Yearbook 2005*

있다.

인생의 출발점에서 어린이의 교육기회 평등을 엄밀하게 생각하면 3~5세 아이들의 유아교육 참가율을 높이는 것은 핀란드 유아교육의 과제 중 하나이다. 육아 지원의 다원화에는 보호자·어른들의 직업이나 육아관이 정책 형성에 강하게 반영되어 왔다. 결과적으로 육아 지원 형태의 선택지를 보호자들이 각자 선택할 수 있게 되었다. 어른들의 선택지나 육아에 대한 선호가 우선시되었고 유아교육에서 '어린이의 권리'라는 시각은 간과되어 왔다고 해도 지나친 말이 아니다.

유럽 유아교육 개혁의 동향 속에서

어린이들이 양질의 유아교육을 받을 기회의 보장이라는 관점에서 유아교육연합은 1973년 지자체 보육법을 유아교육법으로 개정하여 보육과 유아교육의 행정 관할의 통합 필요성을 주장했다.[12] 그러나 실제로는 2007년 4월부터 핀란드중앙당과 국민연합이 중심이 된 연합정권의 육아 지원 시책은 재택육아수당과 민간보육수당의 인상에 그치고, 유아교육의 장으로서 보육소의 자리매김을 강화하는 것과 같은 움직임은 보이지 않았다.

한편 핀란드 정부는 OECD나 EU를 거쳐 전개된 유럽의 여러 개혁 동향에는 민감하게 반응한다. 따라서 내정의 방향성은 육아 지원 제도 가운에서도 특히 지자체 보육소 이외의 선택지(재택육아수당과 민간보육수당)에 초점을 두고, 또한 동시에 OECD 등이 주도하고 있는 유아교육의 충실이라는 국제적 조류에 따라 지자체 및 민간 보육소의 기능 강화에 계속 힘을 쏟을 것이다.

다시 말해서 정당정치의 전개 속에서의 육아 지원 방식과 어린이의 권리에 중심을 두고 유아교육을 추진하려고 하는 국외의 방침 사이에서 정합성을 지니지 못한 채, 가족·어린이 복지 정책을 전개할 수밖에 없을 것이다.

〈표 4〉 핀란드 육아 지원 개혁의 변천

1964년	모성휴직(질병보험제도 개혁, 당초 휴직기간은 산전 18일 산후 36일, 이후 확대)
1973년	지자체보육법(보육 서비스에 대한 지자체의 책임 명문화)
1973년	부성휴직제도의 도입
1985년	재택육아수당 및 육아휴직에 관한 법률, 3세 미만 아이의 지자체 보육 서비스 이용에 대한 주체적 권리의 보장
1996년	지자체 보육 서비스에 대한 주체적 권리를 학령전(7세 미만) 아동으로 확대 민간보육수당의 도입
2000년	6세 아이를 위한 취학전 교육의 제도화

※ 필자 작성

3. 북유럽형 복지국가의 육아 지원

가족 정책의 모델

북유럽에서는 일과 가정의 양립에서 생긴 긴장 관계가 국가의 가족 정책으로 완화되고, 이러한 가족 정책의 모델을 만들어 나가는 주된 요소로서 육아의 시간, 육아를 위한 돈, 보육 서비스라는 세 가지가 지적된다.[13] 이들 요소는 각국의 복지 정책에서 여러 가지로 조합되고, 어떤 요소에 중점을 두느냐는 젠더 관계나 젠더관·규범의 변용을 반영하면서 시간에 따라 변화한다. 정책은 노동시장의 구조와 문화에 대한 대응이고, 정치에서의 합의, 대립, 타협을 거쳐 형성되며, 나아가 시간이 지나면서 재형성된다.[14]

핀란드를 포함한 북유럽 여러 나라의 0~6세 아이에 대한 육아 지원은 탈가족화로부터 재가족화로 전개되어 가는 동향이 나타난다.[15] '탈가족화'란 복지의 공급 시스템 비교연구(복지 레짐론)에서 에스핑 안데르센(Gøsta Esping-Andersen)이 사용하고 있는 주요 개념 중 하나이다. 탈가족화는 보살핌이 필요할 때에 가족 구성원이 각자의 존엄이나 자기실현을 손상시키지 않도록 얼마나 가족 이외의 사회적 지원을 얻을 수 있는가에 관한 지표이다.[16] 탈가족화의 대상이 되는 보살핌에는 고령자 보호와 유아의 보호를 포함한다. 취학전 아이의 보살핌과 관련해서 탈가족화는 아이의 보호자들이 일과 가정생활을 양립할 수 있기 위해 가정 이외의 보육 서비스를 어느 정도 이용할 수 있을지를 가리킨다. 즉, 보살핌에 대한 가족의 책임을 사회 서비스와 사회보장에 의해 사회와 어느 정도 분담할 수 있는가에 관한 지표이다.

'재가족화'란 어머니의 취업과 육아의 양립을 주목표로 육아 지원제도가 정비되었던 제1단계 후, 더 나아가 보호자의 육아에 대한 적극적인 관계를 중시하고 육아를 위한 시간을 확보하고자 하는 가족 정책의 제2단계의 전개이다. 이 '재가족화'의 의미를 이해하는 데는 어린이의 권리, 부모로서 역할과 자각, 육아에 대한 부부 사이의 젠더 관계 등 여러 요인이 복잡하게 결합해 있는 구도를 파악할 필요가 있다. 핀란드의 사례가 단적으로 나타내는 것처럼, 제1단계에서는 가정의 책임에 대한 젠더 평등은 거의 의식되지 않고, 일하는 어머니를 위한 지원으로서의 보육 서비스가 초미의 과제였다.[17]

'탈가족화'의 시대

핀란드를 포함하여 북유럽 여러 나라에서는 1970년대 이후 약 30년간 지자체 보육 서비스가 보급되었다(그림 6). 지자체 보육 서비스의 정비가 육아 지원의 주안점이었던 70년대부터 80년대 초는 '탈가족화'의 시대였다고 말할 수 있다. 단, 아이의 연령 계층에서 본 이용률에는 북유럽 각국별로 상당한 격차가 보인다. 핀란드에서는 1975년 시점에서 지자체 보육 서비스의 이용률이 북유럽 여러 나라 중에서 가장 낮아 0~2세 아이는 4%, 3~6세 아이는 9%였다. 2002년 이용률(1~2세 아이 36%, 3~5세 아이는 67%)과 비교해 보면 격세지감이다.

육아 지원이 '육아노동의 탈가족화' 정책으로서 착수되게 된 배경에는 북유럽 여러 나라에서 1960년대부터 여성의 임금 취업이 증가·정

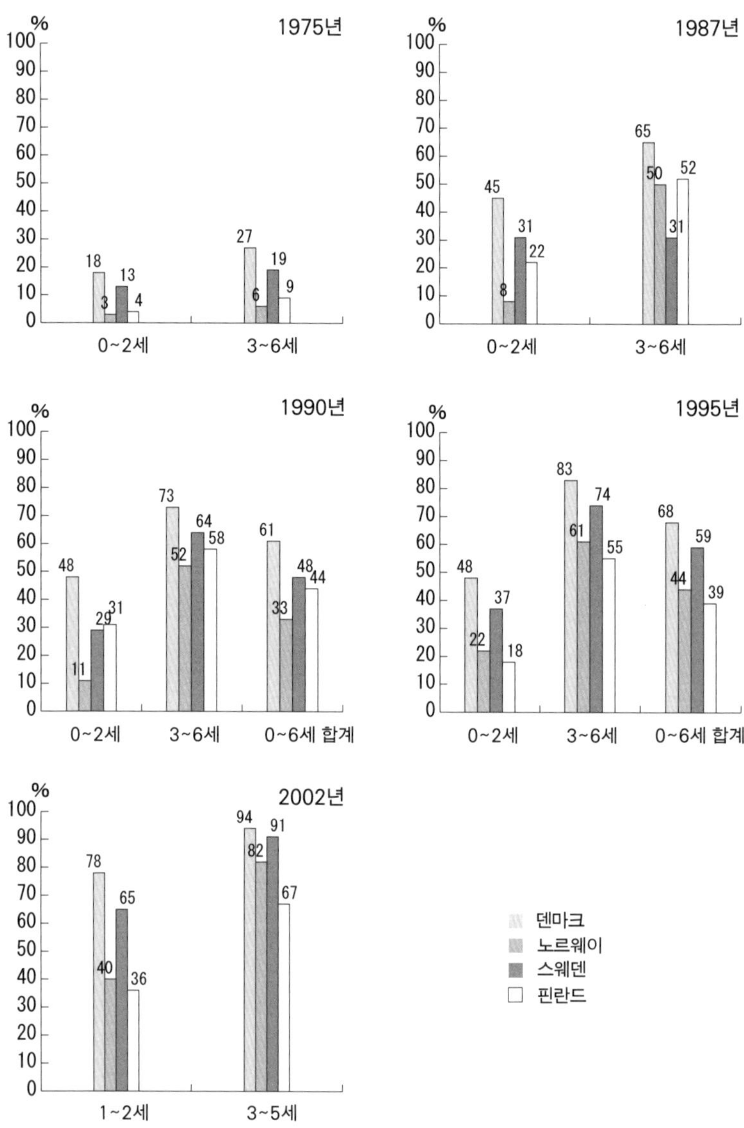

출전 : Leira 2005

착되었던 것과 관련되어 있다. 여성취업의 실태는 핀란드에서는 전일제 근무가 주류인 반면 그 밖의 다른 나라에서는 시간제 근무가 많은 등 북유럽 내에서도 차이를 보인다. 그래도 육아 지원 제도화의 1단계는 일하는 어머니들이 일과 가정을 양립할 수 있도록 하는 것이 주안점이었다. 스스로 일해 자기의 생계를 꾸리는 '자립한 독립독행의 개인'이 삶의 양식의 주류가 되었고 커플들도 맞벌이를 기조로 삼았다. 육아 지원이 정비되지 않았던 1960년대에는 북유럽 여성들의 취업은 일할 자유의 달성을 의미했지만, 실제로 육아와 취업의 양립에 대해서는 자기 책임이었다.

핀란드에서 여성을 위한 취업 지원의 필요성이 정치적 과제로 인식된 것은 1960년대 말부터 70년대 초였다. 이 무렵은 의회를 중심으로 정당정치에 여성이 진출했던 시기와 겹친다. 또한 동시에 노동시장에서 여성의 노동력 확보가 긴요했던 경제계의 요청도 영향을 미쳤다. 외국인 노동력을 받아들였던 다른 북유럽 여러 나라와는 달리, 핀란드에서는 노동력 확보를 위해 국내 여성의 직장 진출을 기대했다.

여성 노동의 사회적 자리매김의 변천에 관해, 공식 통계에서 여성을 다루는 방식에는 흥미 있는 특징이 있다. 19세기부터 20세기 초에 걸쳐 기혼 여성은 독자의 범주로서 집계되었지만 노동인구에는 포함시키지 않았다. 기혼 여성을 포함한 '여성'이 미혼인지 기혼인지 혼인 상황과 관계없이 자신의 취업에 따라 공식적인 통계상의 범주 분류의 대상에 포함된 것은 1950년대부터이다.[18]

하비오 만닐라(Elina Haavio-Mannila)는 1950년대부터 60년대에 걸쳐 기혼 여성이 대량으로 노동시장에 새로 참여했고 많은 경우에 여성은 농업 부문에서 가족의 일원으로서의 보조적 노동력에서 임금노동으로 직접 이동했다고 한다.[19] 란탈라이호(Liisa Rantalaiho)에 따르면, 핀란드의 여성 노동은 제2차 세계대전 후 산업구조의 급격한 전환에 의해 서비스 부문으로 중점이 옮겨졌고 고용노동이 가장 일반적인 취업 형태가 되었던 노동시장으로 정착했다.[20] 이렇게 전후 급속한 공업화와 도시화 속에서 핀란드 기혼 여성은 가정에 머물러 주부화된 것이 아니라 일꾼으로서 직장·사회에 진출해 갔다. 일본을 포함한 선진 공업국에서는 적잖이 공업화와 여성의 전업주부화가 연동되는 경향이 있었다. 이에 대해 20세기 후반 핀란드에서는 여성은 주부가 될 기회가 없이 노동시장에 흡수되어 갔다.

또한 1950년대부터 60년대에 걸친 핀란드의 여성 노동에 대한 논의 속에는 '어머니는 일하러 나가지 않을 수 없다'는 표현이 자주 사용되었다. 자기실현이라기보다는 오히려 경제적 사정으로 억지로 직장에 나가게 되었다는 것을 암시한다.[21] 여성 노동과 육아의 양립에 대한 논의는 60년대에 보육 서비스와 모성 임금을 키워드로 전개되었다. 당시의 시민운동 속에서 여성운동을 대표했던 집단은 충실한 보육 서비스를 간절히 바랐다. 일부 여론에서는 모성 임금을 요청하는 목소리도 있었다.

1960년대 후반의 조사에 따르면 학령 미만의 아이 어머니들의 90%가 충분한 금액을 전제로 모성 임금을 지지했다. 당시는 산휴도 짧고 보육 서비스도 불충분하여 어린아이를 둔 어머니들은 자신의 노동이 사회로부터 지지받고 있다고 생각하지 않았다.[22] 모성 임금은 이후 1980년대부터 재택육아수당이라는 이름으로 가족 정책에서 부활되었다. 재택육아수당은 젠더 중립적인 제도이지만 실질적으로는 어머니들의 것이다.

핀란드에서는 지자체 보육 서비스에 대한 정치적 합의 형성도 쉽지 않았다. "국가 주도의 사회정책에 대한 보수파의 반발, 피고용자를 위한 사회정책에 대한 제1차 산업 종사자의 반발, 오래된 뿌리 깊은 모성 이데올로기 문화"[23]가 복잡하게 얽혀, 육아 지원 제1단계에 도달하는 데 긴 시간을 소비했다. 1973년에 드디어 지자체 보육 서비스가 스웨덴과 덴마크를 모델로 법제화되었다.

'탈가족화'에서 '재가족화'로

제1단계에서는 여성 취업에 대한 지원으로 보육 서비스 제도 정비를 추진하는 것과 함께 사회보장제도에 따른 모성·부모휴직 제도를 확립했다. 제1단계의 요점은 보육 서비스 공급에 중점을 둔 '탈가족화'와 1세 미만의 아이가 부모의 보살핌을 받을 수 있게 하기 위한 시간과 경제 보장을 확립한 '가족화'라는 두 가지 점으로 요약할 수 있다. 제2단계로서 '재가족화'는 우선 부모의 육아 참여를 위한 부모휴직과 부성 휴직(북유럽 각국), 나아가 재택육아수당(핀란드와 노르웨이)의 전개에서 찾을 수 있다.

영유아기에 육아에 대한 아버지의 참가를 촉진하도록 하는 파파 쿼터제(Papa's Quota, 스웨덴)는 사적 영역에 대한 정책의 개입이다.

핀란드는 스웨덴만큼 아버지 전용의 부모·육아휴직 틀을 강조해 오지 않았지만, 최근에는 아버지가 보다 많은 시간을 영유아와 보낼 수 있는 계기가 포함된 제도 개혁이 이루어지고 있다. 부성 휴직이 탄력화 되고, '아버지의 달(isyyskuukausi)'이라고 부르는 아버지 한정의 휴직 기간도 설정했다. 아버지의 달은 부모휴직의 마지막 12일을 아버지가 이용하는 것을 전제로, 그 위에 보너스 기간으로 12일을 상한으로 얻을 수 있다(아버지의 달은 보너스 기간의 이용에 따라 합계 13일부터 24일간이 된다).

덴마크의 경우, 1997년에 파파 쿼터제를 도입했다가 2002년에 폐지했다. 이 배경에는 육아에 대해 보호자들이 어떻게 분담하는지는 부부 각자의 자기 선택 문제이므로 정부가 정책적으로 개입해서는 안 된다는 우파 정권의 의도가 있었다.[24]

재택육아수당은 먼저 핀란드에서, 그리고 노르웨이에서도 제도화되었지만, 사회적·경제적 사정은 양국이 꽤 달랐다. 핀란드에서 이 제도는 1980년대 중반에 여당 사이의 정치적 합의를 계기로 시작되어 1990년대에 확충되었다. 이는 핀란드 경제가 대량 실업을 동반한 불황을 경험했던 시기와도 겹친다. 1990년대 노동시장의 상황에서 보면 재택육아수당은 실질적으로는 여성 실업 대책 수단의 하나였다. 재택육아수당은 많은 어머니들의 지지를 얻었지만 이 인기의 배경에는 (아버지보다도) 어머니에 의한 육아 선호(젠더 역할)와 고용 문제가 공존하고 있다.[25]

노르웨이에서는 1998년에 재택육아수당을 도입했는데, 국내에서는 전통적인 부권 가족(남성이 주된 생계 책임자)에 대한 복지국가의 선물로도 평가된다. 그러나 노르웨이에 대해서는 육아에 대한 젠더 역할의 문제뿐만 아니라 취업을 희망하는 어머니들의 수요에 어울릴 만큼의 양질의 공적 보육 서비스를 충분히 제공할 수 없었던 육아 지원 정책의 실패도 지적되고 있다.[26]

핀란드의 재택육아수당은 평균적으로 아이가 한 살 반(18개월)이 될 때까지 어머니들이 자택에서 육아를 하고 있는 상황에서 이용자가 많이 늘어나 제도로 정착되었다. 아이가 한 살이 되자마자 바로 직장에 복귀하는 어머니는 4명 중 1명 정도에 불과하다. 재택육아수당의 이용 상황에 대해서는 다음과 같은 특징이 보인다. 이용자의 대다수는 어머니이고, 재택육아수당을 단기간 수급하고 비교적 일찍 직장에 복귀하는 어머니들과, 수당을 오래 수급하는 어머니들의 두 집단으로 나뉜다는 점이다. 전자는 고학력으로 고용 기회가 많은 여성들이고, 후자는 학력이 높지 않고 고용 기회의 면에서도 전자에 비해 제약이 있는 여성들이다.[27] 후자의 취업 상황은 학업, 파트타임 노동, 혹은 실업중인 경우가 많다. 복귀할 직장이 없는 상태에서 출산했던 여성들은 재택육아수당을 받으면서도 '실업과 육아의 양립'을 어쩔 수 없이 하기 십상이다.

핀란드의 '재가족화'는 부성 휴직과 재택육아수당을 축으로 전개되었지만 육아에 관한 젠더 역할이라는 점에서는 양자의 방향은 엇갈린다. 한편에서는 아버지의 육아 참여를 촉진하려고 하면서 다른 한편으로는 어머니에 의한 육아를 장려하고 있기 때문이다. 부성 휴직의 강화는 명확하게 '아버지'를 목표로 한정했다. 그러나 재택육아수당이 실질적으로 어머니를 위한 제도로 되어 있는 현상은 용인되고 있고, 이 점에 대한 정책적 개입은 없다.

육아 지원과 젠더 평등

육아 지원의 현상에는 젠더, 경제 계층, 장애, 외국인에 대한 핀란드 사회의 평등·격차의 문제들이 얽혀 있다. 이하에서는 젠더에 초점을 두고 고찰을 계속하고자 한다. 출산 후 약 1년의 휴직도 그 이후의 직장 복귀도 취업자의 권리로서 사회적으로 정착되었다. 따라서 핀란드 여성은 동료나 상사의 시선을 걱정하면서 출산·육아휴직 제도를 이용했던 상황으로부터는 해방되었다. 오히려 여성이 아이가 너무 어릴 때 복직하는 것에 대해 주위의 비판을 걱정해야 한다.[28]

그러나, 남성이 일을 장시간에 걸쳐 휴직하고 부모·부성 휴직 제도를 최대한 활용하는 데에는(그의 파트너가 당연히 할 것이라는 점) 장벽이 있는 것 같다. 유아의 아버지들을 대상으로 하는 설문 조사[29]에서 부모휴직제도를 이용하지 않았던 아버지 중 절반은 만일 이용했다면 직장에서 문제가 생겼을 것이라는 식으로 대답을 했다. 그러나 이러한 아버지들 중에 정말로 고용자가 부모휴직에 대해 부정적인 태도였다고 말했던 이는 10명 중 1명이었다. 따라서 대다수는 직장이 부모휴직에 대해 장벽일 것이라는 추측에서 판단했던 것이다.

젠더 규범은 육아 지원을 포함하고 가족 정책의 특질을 식별하기에 유효한 지표이다. 생즈베리(Diane Sainsbury)에 의하면 복지 레짐론의 비판적 검토에서, 레짐을 룰이나 규범의 복합체로서 이해한다. 젠더 레짐은 젠더 관계에 대한 룰이나 규범에서 성립되고 남녀에게 임무나 권리를 할당한다. 젠더 정책 레짐은 정책 형성에 영향을 끼치는 규칙이나 규범에 근거한 논리이다.[30] 젠더 정책 레짐은 남성 외벌이, 젠더 역할 분리, 젠더 역할 공유라는 세 가지 유형으로 나눠진다. 남녀의 바람직한 관계는 역할이나 책임을 나눠 갖는 동등한 권리에 이르는 것이라고 생각하는 점에서, 젠더 역할 공유의 유형은 다른 유형과는 근본적으로 다르다.[31]

보살핌 노동(care work)은 사회 전체의 책임으로 수행될 수 있다는 인식으로부터 실리우스(Harriet Silius)는 북유럽형 복지국가의 특징 중 하나로 보살핌 노동의 대부분을 전문교육을 받았던 직업적 전문가 집단에 맡길 수 있게 된 점을 지적했다.[32] 일하는 어머니에 대한 사회적 지원이 보살핌 노동의 전문직화에 의해 실현되고 충실해졌다는 것 자체는 여성 노동을 가정의 존속과 양립시키려는 데 있어서의 정책적 선택이다. 핀란드도 다른 나라처럼 보육 서비스나 고령자 지원 개호(介護)·간호 서비스 등 보살핌 노동 분야의 노동력은 여성이 주류를 이룬다. 북유럽형 복지국가에서 여성의 직장 진출에 대해 중심적인 역할을 한 것은 공공 부문이며 특히 핀란드 복지 부문(보건이나 의료 부문도 포함)은 1960년대 이후 복지국가의 발전과 함께 여성의 고용을 확보함과 동시에 여성의 취업과 가정생활의 양립을 지원해 왔다. 이런 의미에서 핀란드의 복지 부문은 노동력 여성화의 전형적인 양상을 드러내고 있다.

보살핌 노동의 전문직화는 육아나 고령자·장애자 간호에 대한 사회 서비스를 실현하는 데 필수불가결하며, 또한 여성을 가정에 속박하는 것이 아니라 취업을 가능하게 해 왔던 점에서 북유럽형 복지국가에 의한 관제 페미니즘의 요점이라고도 말할 수 있다. 한편에서 복지국가·관제 페미니즘에 대한 페미니스트 연구자들의 비판은 육아 지원의 제2단계에서 보이는 정책 방향의 부정합성에 쏠려 있다. 기존의 젠더 역할 분업 그 자체에 대한 재검토는 불충분하며, 어린이나 고령자에 대한 보살핌 노동에 관계하는 사회복지 서비스 부문과 여성 노동력의 상호 의존을 높이는 형태로 복지국가가 발달·확대되어 온 점을 문제시하고 있다.

남성은 출산 입회, 육아, 가사, 보육소의 크리스마스 파티에 대한 참가를

요구받지만, 여성 그 자체가 되는 변화를 요청받는 것은 아니다.[33]

안토넨(Anneli Anttonen)의 이와 같은 지적은 핀란드의 젠더 관계의 핵심을 보여 주고, 또한 북유럽형 복지국가에 대한 페미니스트 딜레마를 요약하고 있다.

4. 육아 지원 메뉴와 파트너 관계

'낳는 성'과 '기르는 성'의 관계에서 여성은 육아·가사와 노동의 사이에서 갈등하게 되는 한편, 남성이 육아·가사에 깊이 관여하는 데는 보육소나 홍보 등의 외부 사회, 혹은 파트너의 영향을 빠뜨릴 수 없다. 핀란드의 출산전 부모교실 등에서 배포하고 있는 정부의 홍보 팸플릿 『우리에게 아이가 생겼어요(*Meille tulee vauva*)』에서도 파트너 사이의 역할 공유와 협력의 의의가 강조되고 있다.[34] 그러나 아이의 탄생 후 육아에 대한 관여의 간극이 생기기 쉬운 파트너 간의 관계에 대해서는 '낳는 성'은 여성이라는 이유로 출산 후에도 계속 여성이 '기르는 성'의 대부분을 담당하는 것이 자연스럽다고 할 건지, 아니면 남성의 '기르는 성'도 더욱더 끌어내어야 할 건지에 대해서 핀란드에서도 견해가 엇갈리고 논쟁은 계속되고 있다.

이하에서는 1990년대부터 오늘날까지의 논의를 검토한다.

육아 지원의 다원화와 선택

　육아 지원의 다양화와 함께 유아가 여럿 있는 가족이 육아 지원 프로그램을 어떻게 사용하는 것이 적절한지에 대한 논의가 오갔다. 모성·부모 휴직과 지자체 보육을 병행하는 것에 대해서도 찬반양론이 있었다. 이러한 병행을 긍정하는 입장에서는 특히 보육소가 육아교육의 장으로서도 기능하고 있는 점이 강조되었고, 이 보육소 긍정론은 널리 지지를 얻었다. 비판론은 사회가 풍족해지고 보육 서비스가 확충된 한편, 보호자들은 지자체 보육소 서비스를 과대평가하고 육아에 대한 부모 자신의 역할이나 친자 관계를 과소평가하는 경향이 보인다고 하는 견해이다.[35]

　지자체 보육이 어린이의 주체적 권리가 된 것에 사회적 관심이 집중되었기 때문에 사회 서비스로서의 보육의 비용이라는 경제적 관점이 애매해지는 경향이 있다는 비판도 있다. 다시 말해서 지자체에 따라서는 보육소 입소 순번을 줄서서 기다리는 일이 벌어진다 하더라도 보육 서비스의 이용은 자명한 기득권으로 인식되기 십상이고, 보편성이 강한 지자체 보육 서비스를 통한 소득재분배 기능이 잊혀지고 있다는 것이다. 개별 세대로서 보면 모성·부모 휴직수당을 받으면서 아이를 보육소에 보내는 경우, 지자체 보육의 요금이 싸지는 경향이 있다. 실제로는 여러 아이의 육아를 위해서 모성·부모 휴직수당과 지자체 보육을 병용하는 경우는 전체의 3% 정도에 그치고 있다. 무엇보다도 핀란드라는 복지국가에서는 일단 확립된 주체적 권리, 나아가 어린이의 권리를 부정하는 것은 불가능하다.

　또한 세대에 따라 육아에 대한 사고방식이 변하고 있다는 지적도 있다. 조부모 세대가 아이를 길렀을 때(1950년대 말부터 60년대)에는 육아는 모두 부모가 스스로 해야 할 것이라는 생각이 지배적이었고, 실제로도 어머니들이 가정에 있는 경우가 많았다. 오늘날의 어머니들(주로 20대 후반부터 30대 전반)에게 맞벌이는 당연하고, 자신의 어머니들과는 다른 가치관·육아관을 갖고 있어 자신의 아이를 보육소에 맡길지 자신이 보육할지는 각 세대의 '선택의 문제'이다.[36]

가족 정책을 둘러 싼 이데올로기 대립

민간보육수당이 도입된 지 얼마 후, 1998년 9월 말 핀란드 의회에서는 보육을 포함한 가족 정책의 과제가 논의되었지만 여기서도 좌파·우파의 정치적 이데올로기의 대립이 있었다.

녹색연맹의 브락스(Tuija Brax)는 "유럽연합의 경제 통합 등에 관심이 높아지는 가운데 사회의 공동 책임을 방기하는 일이 있어서는 안 된다. 가족 정책의 일환인 무상의 양질 교육도 위기에 처해 있는 중이다"라며 복지국가의 존재 의의를 강조했다.

부모 중 누구라도 실업 중일 때에는 아이가 지자체 보육을 이용할 수 있도록 보장해야 할 것이라는 주장에 대해 보수계의 국민연합 니이니스퇴(Sauli Niinistö)는 "아이와 보낼 시간이 있는데도 부모가 아이로부터 도망가려고 하는 것은 인도적으로 받아들이기 힘들다"며 강하게 반론했다.[37] 2007년 4월부터 집권한 중도·보수 정권에는 녹색연맹도 여당으로 참가하고 있지만 주류는 보수이며, 따라서 니이니스퇴의 사고방식은 당분간 핀란드의 국내 정치에서 영향력을 가진다고 생각할 수 있다.

모성 역할의 강조와 고용 형편

정치가 이외에도 육아 지원이나 보육소 긍정론에 회의적인 사람들도 있다. 예를 들면, "핀란드 여성은 1930년대라면 가사·육아에 전념하고 모성 역할을 하면 충분했지만, 지금은 가정과 직장, 그리고 보육소와 슈퍼마켓 사이를 매일 분주하게 돌아다니지 않으면 안 된다. 가정에서는 여유가 사라지고 아이에게도 스트레스가 생기며, 게다가 보육소의 정비는 복지국가의 재정 부담 증가의 한 요인이기도 하다"는 목소리도 있다.[38] 이는 핀란드 주간지 〈수오멘 쿠발레흐티(Suomen Kuvalehti)〉에 투고된 것이다. 이와 같은 의견은 지자체 보육 서비스에 대한 비판으로, 여성의 모성 역할을 강조하고 있다. 그러나 남성(아버지)의 역할은 묻지 않는다. 가사나 육아를 서로 나누어 한다는 발상이 아닌 것은 분명하다.

이에 대해 여성 특히 어머니의 직장·사회 진출에 따라 사회가 비정상적으로 되었다는 견해는 이전에도 있었던 것으로 실업에서 폭력 범죄까지 그때그때의 사회문제 해결책으로 어머니의 가정 복귀가 언급될 수 있다는 지적도 있다.[39] 1990년대 말의 논쟁 가운데서 여성 노동이나 맞벌이에 대한 비판·회의가 일어난 배경 중 하나는 1990년대 전반부터 실업 문제가 남긴 깊은 상흔이다. 경기가 회복되고 고용 형편도 개선되고 있었지만 그것만으로는 지구화경제의 불황 여파가 초래한 전망의 악화나 불안감이 불식될 수 없다.

5. 핀란드의 모성 논쟁

보살핌 노동을 둘러싼 젠더관

여성의 사회 진출과 무관하게 보육·간호라는 보살핌 노동을 여성의 일로 간주하는 젠더관 그 자체는 온존되는 경향이 있다. 이와 관련해 과거에 이미 논의되었던 핀란드의 사회적 모성론이나 가사 이데올로기가 떠오른다. 지금으로부터 1세기 전의 과거, 19세기 말이나 20세기 초 여성 문제의 논객들이 사회적 모성론을 논했던 시절의 핀란드는 오늘날의 핀란드와는 인구 규모나 사회·경제구조로 보더라도 근본적으로 다른 사회였다는 것을 잊어서는 안 된다. 그렇다 하더라도 아이를 기르고 돌보는 능력을 여성의 천성적 소질로 간주하고 여성의 직업 적성의 원점으로 삼는 사회적 모성론의 사고방식은 핀란드가 복지국가로서 발전을 이룬 오늘날까지 보살핌 노동에 관한 젠더관에 적지 않게 이어지고 있다고 할 수 있다.

율쿠넨(Irma Julkunen)에 의하면 핀란드에서 여성들이 단체로 의사표시를 했던 것은 1876년에 칸트(Minna Canth, 1844~1897)가 주축이 된 금주운동에 대한 서명 활동으로, 여기에 1,452명의 여성이 참가했다고 한다.[40] 핀란드의 여성 활동가들이 여성운동을 위해 스스로를 조직화한 것은 1880년대 이후의 일이다. 1884년에는 핀란드여성협회[41]를 설립했고 1892년에는 같은 협회에서 일부가 독립하여 여성문제연합동맹[42]을 결성했다. 20세기 초에는 노동운동의 일익으로서도 여성단체를 결성하는 한편, 지식인층이나 유산 계층의 여성 활동가들은 각종 구빈·

금주 · 도덕계몽 등 사회 개량적인 분야에서도 활약했다.[43] 1930년대까지 핀란드 여성 활동가나 여성 평론가들의 관심 사항은 오늘날과 같이 일과 가정 · 육아의 양립이 아니라 오히려 모성론이 중심이었다. 사회에서 여성의 지위와 존재 방식에 대해 여성 문제 평론가들은 종종 모성의 역할에서 논거를 찾고자 했다.

예를 들면 19세기 말 핀란드 여성해방 평론의 개척자인 칸트는, "여성이여, 여성을 묶고 있는 썩은 사회의 속박으로부터 해방되라. 여성이여, 때가 무르익을 때 인간사회의 어머니로서 양육자로서 왕좌에 즉위하라"[44]고 말했다. 20세기 초 하그만(Lucina Hagman, 1853~1946, 핀란드여성문제연합동맹 회장)은 "가정에서의 이상적인 어머니상에 사회가 한층 조화될 수 있도록, 커다란 집으로서의 사회의 새로운 창조에 참가하기 위해, 여성이 가정 밖으로 나가는 것은 중요하다. 핀란드 여성이여, 지금이야말로 가정의 정신을 사회와 국가 도처로 넓히자. 그렇게 하여 집과 그 이상(理想)이 인간 활동의 모든 분야에서 지지되도록 하자"[45]고 말했다.

사회적 모성

당시 남녀평등은 법률상으로 충분히 보장되지 않았고 여성의 사회 진출 역시 많은 어려움이 뒤따랐기에 모성 역할에 사회적인 의의를 발굴하고 여성다움(젠더)을 강조하는 논점은 그 사회에 대한 하나의 비판이었을 뿐만 아니라, 당시 유산계급 여성해방운동의 요구와 목표에 대해서도 근거를 제공하는 것이었다. 이와 같은 핀란드의 모성론의 모델

	가족 총계	0~17세아가 있는 가족	0~6세아가 있는 가족	가족당 구성원수
가족	1,426,002	591,528	277,601	2.8
가족 형태				
기혼커플, 자녀 없음	481,209	-	-	2.0
사실혼커플, 자녀 없음	180,590	-	-	2.0
기혼커플, 자녀 있음	468,266	368,553	173,981	3.9
사실혼커플, 자녀 있음	112,847	104,782	64,952	3.7
어머니와 아이	153,024	103,044	36,366	2.5
아버지와 아이	29,238	15,063	2,247	2.3
등록된 남성커플	398	2	-	2.0
등록된 여성커플	430	84	55	2.3

출전 : Tilastokeskus, suoluk_vaes6.xls

은 1840~50년대 스웨덴 여성 평론가 브레머(Frederika Bremer)가 논했던 사회적 모성[46]의 개념에 있었다. 핀란드에서는 1860년대에 교육자 시그나에우스 등이 여교사나 간호사의 직무가 모성 역할에 가깝고 이러한 직업이 여성에게 해로울 수 없다는 견해를 나타냈고, 남성측으로부터도 사회적 모성에 대한 동조가 있었다.[47]

여성운동의 여명기에 유산계급 여성에 의해 전개되었던 여성론에는 집과 어머니라는 키워드는 개별 가정뿐만 아니라 일반적으로 여성적 특성도 상징하는 말이었다. 다시 말해서 여성이 여성다운 배려를 행하는 양육이나 보호는 가정에서는 모성의 역할이 되고, 가정 이외의 사회활동에서는 사회적 모성이 되어 어느 쪽이든 여성의 특성을 구현했던 것이다. 어머니의 애정에 의거한 가사 노동과 어머니로서의 사명감은 여성의 사회활동의 모델·목표가 된다고 여겼다.[48]

핀란드 내전(1918년) 이전에는, 유산계급이나 노동자운동의 여성단체는 위생 계몽가나 아동보호 활동가들과 함께 노동자 가정의 기반이나 어머니의 건강을 지키고, 비유산계급의 어머니가 자력으로 가정생활을 개선할 수 있도록 계몽할 것을 목표로 했다. 복지국가가 존재하지 않았던 시대에 여성단체는 1850년대 이후 유산계급 여성단체[49]의 활동을 필두로, 자발적인 자선 활동을 전개해 사회에 공헌했다.[50] 위생 계몽가는 주거 청결에 대해, 소아과 의사는 의학적으로 적절한 육아에 대해, 또한 하그만 등의 활동가가 1899년에 설립한 말타(Martha)협회[51]는 가사 노동의 개선과 공부에 대해 여성들에게 조언했다. 1904년에 설립한 마이토피사라(Maitopisara)협회[52]는 무산계급의 영유아에게 우유를 나눠 주고 아이의 건강관리에 대해 어머니에게 조언해 주는 활동을 전개했다. 이 시기에 민간의 자선단체 활동은 가정방문 사업을 중심으로 전개되었고, 이는 이후 도시 지역에서 지자체에 의한 빈곤 가정에 대한 감독·보살핌 제도로서 정착되었다.[53]

1920년대 이후는 '가정의 어머니' 협회 등을 조직화했고, 경제적 문제 등을 갖고 있는 가정에 대해 지원·계몽운동을 전개했다. 말타협회는 활동의 폭을 넓히고, 사회민주주의파의 여성단체도 독자적인 가계 계발운동을 전개했으며, 앞서 언급한 만네르헤임 아동보건연합은 아동·어머니·교육 상담소를 개설하는 것과 함께 1930년대 말에는 가사 도우미(home helper) 육성에 착수하고, 신체·정신적 면에서의 가정생활의 건강 계발에 노력했다.[54]

가정 이데올로기

　1920~30년대에는 가정 이데올로기[55]가 핀란드에 널리 퍼져, 여성·여자아이의 직업교육에 깊은 영향을 끼쳤다. 이 이데올로기를 지지했던 여성운동가들이나 여성단체는 가정운동[56]을 전개하고 가사 노동에 대한 사회적 평가의 향상을 위해서 여자아이·여성·어머니를 대상으로 여러 방면에서 가사의 사회적 의의를 강조했다.[57] 가정운동의 궁극적인 목표는 여성의 가사 노동을 가정 밖의 남성 노동과 대등한 지위로 끌어올려, 가사 노동의 연장선상의 직종에 여성의 진출을 장려하고 조장하는 것으로 여성의 직업적 자립을 추진하는 것이었다. 가정운동의

〈표 6〉 연령계층·성별로 본 핀란드의 혼인 상황　　　　단위: 명

	미 혼				기 혼			
	1970		2000		1970		2000	
	여	남	여	남	여	남	여	남
20 ~ 24	114,024	164,486	143,529	159,486	101,338	64,436	15,842	7,553
25 ~ 29	35,882	52,123	93,411	118,766	116,158	108,329	50,552	34,692
30 ~ 34	20,630	29,843	69,269	94,651	116,953	113,792	89,259	75,232
35 ~ 39	16,515	22,633	51,904	74,534	112,617	113,294	109,808	100,360
40 ~ 44	17,616	21,099	37,919	56,879	118,330	119,574	117,489	111,227
45 ~ 49	18,042	15,230	28,887	44,533	113,409	108,289	126,865	124,105
50 ~ 54	16,241	9,666	22,308	33,487	91,128	89,825	138,055	141,792
55 ~ 59	19,155	9,940	13,720	17,624	85,036	93,300	97,705	103,275
60 ~ 64	20,586	9,383	12,042	14,103	67,056	81,066	83,202	88,948
65 ~ 69	18,209	6,711	11,405	10,833	41,158	55,149	67,228	76,244
70 ~ 74	14,468	4,281	12,202	8,599	21,051	31,786	53,403	63,954
75 ~ 79	8,999	2,275	11,115	4,341	7,818	14,718	30,678	39,914
80 ~	6,537	1,417	15,318	2,601	2,660	6,742	14,721	26,043

출전 : Tilastokeskus(http://www.tilasto.fi)

일환으로 여성잡지도 발간되었고, 그 일부는 오늘날까지 계속되고 있다. 당시 핀란드에서 가정 이데올로기가 사회적으로 널리 지지를 받았던 배경으로는 내셔널리즘의 고양과 관련된 현상, 특히 국가의 장래를 크게 좌우하는 문제로서 가정이나 육아가 사회적 관심을 크게 받았던 점이 지적된다.[58]

복지국가를 지탱하는 젠더관

　20세기 전반까지의 핀란드 모성론은 당시 계급사회를 반영하고, 노동자계급에 대한 유산계급의 계몽·자선 활동에 근거를 제공했다는 특

이혼				사별			
1970		2000		1970		2000	
여	남	여	남	여	남	여	남
1,828	844	906	303	254	41	27	4
3,595	2,428	5,020	2,740	630	143	128	20
4,859	3,297	13,656	9,590	1,322	293	464	108
5,548	3,822	23,430	18,417	2,562	513	1,095	248
6,873	4,515	31,453	26,449	5,403	1,021	2,390	571
7,487	4,246	38,152	33,285	10,602	1,686	4,869	1,242
6,700	3,403	40,981	37,263	16,602	2,345	9,564	2,408
7,088	3,645	26,738	23,616	27,916	4,191	11,706	2,757
6,121	2,981	20,794	16,674	37,684	6,005	18,420	3,886
4,252	1,816	15,279	10,879	40,509	7,611	28,706	5,771
2,465	949	12,085	6,823	39,432	8,344	44,439	8,438
1,257	432	8,258	3,315	28,911	7,152	54,646	9,543
496	195	7,814	1,816	25,734	7,199	88,915	16,867

징이 있다. 아직 복지국가가 존재하지 않았던 시대, 곤궁한 이나 빈곤 가정을 대상으로 삼은 구제·개량 사업은 적잖이 계몽·자선적인 성격을 띠었다. 또한 노동운동의 일익을 담당한 여성 활동가도 여성의 지위 향상을 논할 때는 모성 역할의 연장선상에서 여성의 본격적인 사회 진출을 주장했다. 아동 보호도 주로 어머니의 마땅한 몸가짐이나 어머니가 해야 할 역할이라는 모성 규범을 출발점으로 삼아 전개했다.[59]

앞서 언급한 대로 '사회적 모성'은 모성 역할과 교직이나 간호와 같은 특정 직종의 연결을 적극적으로 지지하는 성차 긍정론·성차 최대화론이지만, 보살핌 노동에 여성이 대량 진출하고 있는 오늘날 핀란드의 상황을 생각할 때 과거의 사회적 모성 논의는 시사하는 바가 크다. 남녀의 대등·평등을 탐구해 온 결과, 오늘날에는 사회적 모성을 직접 언급하는 평론가나 연구자는 핀란드에 없다. 사회적 모성을 언급했던 사회적 맥락은 어디까지나 계급 격차가 뚜렷하게 존재했던 과거의 핀란드 사회에 한정된다. 오늘날의 핀란드에는 가정 부인·주부라는 말도 소멸되었고 사회적 모성이라는 용어도 시대착오적이다.

그러나, 제2단계 육아 지원의 '재가족화'에 내포된 젠더 평등화를 둘러싼 불협화음과 보살핌 노동의 여성화(이는 핀란드에 한정되지 않는다고 해도)와 같은 21세기 초의 상황은 이전의 성차 긍정론으로서의 사회적 모성이나 가정 이데올로기를 극복하지 못한 것이라기보다는, 오히려 복지국가와는 뗄 수 없는 요소가 되었다는 것을 시사한다.

6. 변하는 가족과 어린이

미혼·사실혼 가족의 시민권 획득

어린이에게 가족의 중요성은 어느 사회에서나 자명한 것으로 간주된다. 그러나 핀란드는 서양의 다른 나라와 마찬가지로 가족의 다양화가 진행된, 이혼과 재혼이 많은 사회이며, 어린이들도 이러한 상황 아래에서 성장해 간다. 여기서는 20세기 초부터 오늘날에 이르기까지 핀란드의 가족 모습의 변화를 검토한다.

20세기 초 무렵 핀란드에서는 미혼으로 동거하고 있는 커플을 세간에서는 '늑대 커플'[60]이라고 불렀다.[61] 교회가 주민대장을 관리했던 역사적 배경에서 말하면, 당시는 아이의 출생에 대해 적출(嫡出) 여부를 엄밀하게 구별했고 혼외 자녀에 대해서도 사생아[62] 등 여러 가지 차별적인 호칭을 사용했다. 1930년대 교회 관계자를 위시한 보수파는 성도덕과 혼인·가족생활에 대한 교회의 통제력을 유지하기 위해 '비합법적인 동거생활'은 범죄라고 하는 안을 발의했다.[63] 이를 받아들여 의회가 1934년에 설치했던 조사위원회는, 아볼리토(사실혼 커플, avoliitto)를 사회계급의 문제로 간주하고, 노동자계급을 중심으로 경제적 능력이 결여되어 빈민 구제 사업의 대상이 되는 사람들의 가족 형태라고 보고했다.[64] 이러한 미혼 커플에 대한 멸시의 근저에는 경제력이 없는 사람은 가정을 가져서는 안 된다고 하는 사고방식이 놓여 있었다. 사실혼 커플은 합법적인 혼인 관계에서 일탈한 것으로 반사회적이며 법질서에 적대적인 행위로 간주되었다. 그러나 실제 정부의 대응은 조사 보고의

범위를 벗어나지 않았고, 범죄로서 인정하는 법률적 절차를 밟아 나가지도 않았다.

1940년대 핀란드에서는 신생아 중 혼외자 비율이 약 6%에 지나지 않았고, 50년대에서도 4%를 조금 넘는 수준이었다. 혼외자나 미혼모, 모자가정은 규범에서 일탈한 것으로 아동·가족 보호(사회복지)의 대상으로 간주되었다. 60년대 이전에는 혼외자나 모자가정에 대한 사회적 편견이 강하게 남아 있었다.[65] 그러나 60년대 이후 급속도로 도시화가 진행됨에 따라 사회 모습의 변화가 바람직한 가족의 모습에도 큰 변화를 초래했다고 생각된다. 이 시기에 사회비판 언론이나 시민운동이 불거져 나왔고, 과거의 가족 규범과 성도덕 규범도 전면적으로 재검토되었다.[66] 70년대 이후, 사실혼은 이제 저소득자가 경제적 사정 등으로 결혼을 하지 못하고 부득이하게 선택하는 것이 아니라, 도시 지역의 고학력 커플을 중심으로 자발적으로 선택하는 생활 형태가 되어 혼외자도 증가하게 되었다.[67] 이렇게 해서 미혼·사실혼의 '늑대들'은 절멸되기는커녕 오늘날에는 하나의 가족 형태로서 시민권을 얻었다.

가족 통계에서 사실혼 커플의 존재가 가족의 범주로서 인식된 것은 1990년대 이후의 일이다. 그 이전에는 가족 통계에서 기혼 커플만이 가족으로 간주되었다. 사실혼 커플에 대해서는 1970년대부터 표본조사에 근거하여 추정되었는데, 1970년에는 세대를 함께하는 커플 전체의 약 3%가 미혼이었다고 한다.[68] 사실혼 커플은 공인된 관계라는 점에서 기혼 커플과 같으며, 사회생활에서 떳떳하지 못할 것이 없다. 사회보장 처우에서도 사실혼 커플은 홀로 아이를 키우는 가족 연금을 빼고는 기혼 커플과 같은 처우를 받는다.[69] 현재는 아이의 출생을 둘러싸고 혼외자인지 여부를 도덕적으로 문제 삼는 일은 거의 없다. 혼외자는 첫째아이의 이분의 일 이상, 둘째아이의 약 삼분의 일, 셋째아이의 약 사분의 일을 차지하였다. 첫째아이를 낳은 뒤 혼인신고서를 내고 결혼식을 올리는 커플도 적지 않다. 아이가 혼외자로 태어나도 아버지의 승인에 따라 기혼 커플의 아이와 동등한 법적 지위가 보장된다.

이미 1990년대에는 70년대와 달리 사실혼 커플의 시비에 대해 특별히 내세워 논의할 필요가 없어져 버렸던 것 같다. 얄리노야(Riitta Jallinoja)는 핀란드의 커플관에 대해 꽤 흥미로운 연구를 발표했다. 결혼은 1950년대부터 60년대에 걸쳐 사회의 관습으로서 자명한 제도로 간주되었지만, 90년대에는 개인의 선택 결과로서 결혼은 선택한 자신에게 자명한 것으로 간주되었다. 이제는 결혼은 사회관습의 답습이라기보다는 오히려 개인의 의도적인 선택으로 자리매김 되었다. 인터뷰에 답한 대부분의 사람들은 스스로는 미혼의 커플 관계에 있으면서도 일생 미혼인 채로 있을 것으로는 생각하지 않았다.[70] 이러한 커플관은 혼인 상황별 인구 분포에서도 읽을 수 있는데, 40세 이상의 연령 집단에서는 어떠한 형태로든 결혼 경험이 있는 이가 대부분을 차지했다.

가족의 다양화와 사회적 지원

그런데 증가했던 것은 사실혼 커플이나 혼외자뿐만이 아니다. 이혼율을 보더라도 핀란드는 다른 북유럽 나라들과 나란히 세계의 최상위권이다. 총인구(천명 단위)는 약 459만 8,000명(1970년)에서 518만 1,000명(2000년)으로 증가했지만, 기혼자 수 그 자체는 큰 변화가 없다. 이혼자 수가 현저하게 증가했는데, 특히 40대 후반부터 50대 전반을 중심으로 남녀 모두 이혼이 증가했다. 기혼 여성 1천 명에 대한 이혼 건수를 나타내는 이혼율은 1940년부터 1970년에 걸쳐 평균치는 최대 5.7, 최소 4.1 사이의 추이를 보여 주고 있지만 1971~75년의 연 평균치는 8.4로 상승하고 그 이후도 증가하여, 1988년에는 이혼법 개정(이혼 수속의 간소화)의 영향도 있어 11.5의 두 자릿수 대에 이르렀다.[71]

커플 관계와 친자 관계

그럼에도 불구하고 핀란드의 가족에 대해 해체되고 있다거나 붕괴되고 있다고 판단하는 것은 성급한 것일 게다. 이혼이나 이별을 거쳐 대부분의 사람은 다시 새로운 파트너나 가정을 찾아 재출발한다. 알리노야에 따르면, 커플 관계와 친자 관계의 공존과 경합에서 볼 때 핀란드의 가족은 커플 관계를 중시하는 경향이 강하고 낭만적 사랑에 따른 커플 관계를 출발점으로 삼는 근대 핵가족의 전형이라고 할 수 있다.

또한 가족의 존재 방식이 다양화로 나아가는 가운데 커플이 혼인신고서를 냈는지 여부의 형식보다는, 어떻게 실제 가정생활을 영위하는가 하는 질의 문제로 한층 관심이 모아졌다. 이처럼 과거의 성도덕 규범이 거의 사회적 구속력을 발휘하지 못하고, 커플 관계의 문제 때문에 가족이 헤어지지 않을 수 없는 경우가 드물지 않은 상황 하에서 유자녀가족에 대한 사회적 지원으로서의 가족 정책은 더욱 큰 의의를 지닌다.

커플 관계에 대한 조사(1995년 초혼 혼인자 1,500명과 이혼자 1,500명, 남녀 비율은 50%씩, 1인당 아이 수는 평균 혼인자 1.8명, 이혼자 1.0명)에 따르면 부부 싸움의 원인으로 1위가 가사 분담이고, 조사 대상 부부 중 약 5분의 1이 적어도 주 1회, 약 절반이 월 1회는 의견 대립을 경험하고 있었다. 여기에 버금가는 분쟁 요인은 금전(돈의 사용 방식)과 육아였다. 이혼에 이르렀던 커플들이 결혼생활의 말기에 직면했던 문제는 커플 사이의 의사소통 문제(논쟁 또는 대화의 결여), 여가를 보내는 방식, 가치관의 차이 등이었다. 이혼을 하지 않은 커플이 결혼생활을 계속하고 있는 주요 원인은 아이, 부부의 애정, 공동생활을 계속하려는 의사였다.[72]

신가족의 희망과 스트레스

이혼의 증가, 신가족, 사실혼 커플, 동성 커플 등 가족의 형태가 다양화됨에 따라 '부부와 아이로 이루어진 가족'이라는 종래의 핵가족이라는 가족 개념으로는 현실에 대응할 수 없다. 이러한 상황에서 신가족에 대한 사회적 관심도 높아져, 핀란드에서는 1990년대부터 가족 정책이나 가족 관계의 분야에서 연구가 진행되었다. 신가족[73]이라는 말은 법적 개념은 아니지만 일상에서 자주 사용되는데 그 의미의 폭도 상당히 넓다. 신가족은 배우자/파트너와의 이혼, 이별 혹은 사별 뒤에 새롭게 형성된 가족 관계이다. 오늘날 결혼한 커플의 약 3분의 1은 적어도 어느 쪽이든 한쪽 배우자는 이혼 경험자이다.[74] 유자녀가족의 내역으로 보면 핵가족의 비율은 감소하고, 한부모가족은 점점 증가해 왔지만 신가족의 비율은 약 7%로 안정되어 있다.[75]

신가족은 넓은 의미로 파악하면 그 배경에 파트너나 배우자 중 어느 쪽이든지 혹은 둘 모두 과거에 커플 관계의 종결이나 붕괴를 경험하고 그것을 바탕으로 새롭게 형성된 커플 관계라고 이해할 수 있다.[76] 이는 아이의 존재보다도 커플 관계를 중심으로 하는 시각이다. 아이를 중심으로 신가족을 파악한다면 의부·의모·의자라는 비혈연관계와 혈연관계에 대해 다양한 편성을 시사한다. 핀란드 통계센터는 신가족을 "미성년 아이 모두가 커플 쌍방의 아이가 아닌 유자녀가족"으로 정의하고 2000년판 통계에 신규 항목으로 추가했다. 이 정의는 커플 관계와 미성년 아이 모두에 대해 배려했던 것이다.

자녀와 함께 새로운 파트너와 사는 가족은 기혼이든 미혼이든 오늘날에는 결코 드문 일이 아니다. 그런 의미에서 신가족이라는 이름은 부적절한 것일지도 모른다. 그럼에도 불구하고 재출발하기로 결단을 내린 당사자들에게는 새로운 가정생활이라고 하는 점에서 '신'가족이라는 사실에는 차이가 없다. 일단은 이별이나 이혼을 거친 뒤 새로운 가족 구성에서의 생활은 부부뿐만 아니라 아이들도 신가족만의 독특한 희망과 스트레스를 겪는다. 아이들은 불안이나 위기를 뚫고 나가면서 가족과 자기의 이미지를 재구축하는 작업을 한다. 이는 주거의 경계, 가족간 관계의 경계, 아이와 부모의 경계라는 일상생활에서의 가족과, 안심과 안정된 유대라는 감정 수준에서의 가족을 재인식하는 작업이다.[77]

또한 신가족은 커플의 친자뿐만 아니라 친자 이외의 미성년 아이를 포함하는 것을 특징으로 한다. 이는 친자의 혈연관계를 전제로 한 종래의 핵가족 개념과는 합치되지 않으며, 이런 의미에서 새로운 가족 관계의 모습을 제시하고 있다. 가족 정책과 관련해서는 사회보장급여 지급 여부는 사실혼의 신가족이 기혼과 동등하게 간주되는지 여부에 달려 있다. 사회보장과 관련해서 가족은 어떠한 집단을 가리키는지 기본적인 문제에 대해 정부 내에서도 논의를 계속하고 있다. 실제 사회보장의 운용에는 가족의 정의에 따라붙는 어려움에 직면하면서, 세대로서 주거를 함께 하는지 여부를 가족 통계에 대한 기준으로 삼고 있다.

7. 아이의 권리를 중심으로 한 사회의 재평가

육아 지원에서 고령자 간호, 사회보장, 교육, 환경 정책에 이르기까지 정부 책임으로 시민생활을 광범위하게 지원하는 '광의의 복지국가'가 사회의 각 방면으로 침투해 들어간 과정에서 언제나 여론이 일치했던 것은 아니다. 오히려 일상생활에서 '공과 사'의 경계를 둘러싼 견해의 차이나 논쟁은 지금까지 계속되고 있다. 북유럽형 복지국가에 대해 때로는 전체주의적인 국가 이미지가 거론되는 것은 북유럽 여러 나라의 정책 형성이나 변화 과정에서 사회 내부의 논쟁이나 담론의 변천이 간과되는 경향 때문일 것이다.

육아 지원 정책의 실시 폭은 생활 영역의 공사 개념 구분을 재검토하는 것에 대해서 사회가 합의할 수 있는지 여부에 달려 있다. 북유럽에서는 가정에서의 역할의 분담과 공유가 활발하게 논의되고, 일부는 정책으로 편입되는 데 이르렀다. 이는 취업과 가정생활 양자에서의 역할 방식이 '개인의 자유'에 머물지 않고 오히려 공적인 정책 과제로서 재인식하는 견해가 사회적 지지를 얻게 되었기 때문이다. 실제 최근 북유럽 나라들의 정책 전개는 대립하는 복수의 가치 규범이 경합하는 양상이 나타나고 나라별로 그 방향성은 들쭉날쭉하다.

제2단계에 이르렀던 북유럽 각국의 육아 지원은 어머니들의 '일과 가정의 양립'뿐만 아니라, 육아를 둘러싼 부부 간의 젠더 역할 분업의 시비, 어머니 간의 격차 문제를 공적으로 묻고 있다. '일인가 가정인가' 라는 수준에서의 분업뿐만 아니라 가정생활에서의 역할 '공유'의 필요성을 지적했던 것은 페미니스트 연구자들의 공헌이다. 육아나 간호에 직면할 때, '일인가 가정인가'의 양자택일을 여성에게 강요하여 결과적으로 노동시장에서 일시적으로, 혹은 전면적으로 퇴출시키는 사회구조는 '남성 외벌이 모델'에 근거하고 있다.

그러나 여성이 '일도 가정도' 모두 가지는 '맞벌이 모델'의 귀결은 가정 밖에서 일하며 경제력을 갖고 자질을 사회적으로 발휘하는 '여성의 자기실현'의 달성에 그치지 않는다. 맞벌이 모델의 함정은 취업과 가사·보살핌 노동의 이중 노동을 받아들이는 사회계약에 대한 젠더 격차도 함의하고 있다는 점이다. 이런 의미에서 맞벌이 모델은 여성이 일하는 방식에만 한결같이 초점을 두는 젠더론의 한계가 있고 아이의 발육이나 보호자의 양친성 형성이라는 사생활의 중요 과제에는 논의가 미치지 못한다. 어린이의 시각을 포함하고 '살아가는 방식' 그 자체에 대한 시각을 회복하지 않으면 안 된다.

복지국가의 건설기부터 오늘날의 핀란드 사회는 산업구조에서 가족의 모습에 이르기까지 변화의 큰 파도를 경험하고 있다. 어른의 시각에서 나온 정책으로서의 육아 지원 전개를 거쳐, 핀란드 복지사회의 가까운 미래는 어린이 권리를 중심으로 한 어른 사회의 재평가를 거쳐 새롭게 모색될 것이다.

<주>

1) Auvinen 1974: 14.
2) Rauhala 1995: 86.
3) Peräläinen 1991: 80.
4) 앞의 책: 81.
5) Taipale et al.(eds), 1996: 93~95.
6) 원어로는 *pikkulastenkoulu*.
7) Pulma 1987: 42~43.
8) Anttonen 1999: 20.
9) Rauhala 1996: 113.
10) *Yksityiset sosiaalipalvelut 2005*.
11) *Lapset päivähoidossa 1997-2005*.
12) Lastentarhanopettajanliitto 2007.
13) Ellingsæter 1999: 41.
14) Ellingsæter 1999: 40.
15) Leira 2006: 35~42.
16) Esping-Andersen 1999.
17) Millar & Warman 1996: 31.
18) Kinnunen 1996: 47~48.
19) Haavio-Mannila 1970: 57, 172.
20) Rantalaiho 1997: 26.
21) Anttonen 1999: 26.
22) Anttonen 1999: 35~36.
23) Julkunen 1994: 195.
24) Borchorst 2006.
25) Leira 2006: 42.
26) Leira 2006: 42.
27) Salmi 2006: 155.
28) Lammi-Taskula 2006: 93.
29) Lammi-Taskula 2006: 89.
30) Sainsbury 1999a: 5.
31) Sainsbury 1999b: 78~79.
32) Silius 1995: 59.
33) Anttonen 1997: 195
34) STAKES 2006.
35) Lindberg & Repo 1999.
36) *Helsingin Sanomat* 1999. 04. 03 사설.
37) Mölsä 1999.
38) Voutilainen 1999: 74.
39) Leppänen 1999.
40) Julkunen 1986: 33~34.
41) 원어는 *Suomen Naisyhdistys*.
42) 원어는 *Suomen Naisasialiitto Unioni*.
43) Helén 1997: 144.
44) Canth 1885/1994: 112~113; Helén 1997: 145에서 인용.
45) Hagman 1906: 18; Helén 1997: 145에서 인용.
46) 스웨덴어로는 *samhällsmoderlighet*.
47) Helén 1997: 144~145.
48) Helén 1997: 146.
49) 원어로는 *rouvasväenyhdistykset*.
50) Jaakkola 1994: 144.
51) 원어로는 *Martta yhdistys*.
52) 원어는 *Maitopisara*로서 우유 한 방울의 뜻이다.
53) Helén 1997: 202; Turpeinen 1987: 357~360.
54) Helén 1997: 202~203.
55) 원어는 *kotitalousideologia*.
56) 원어는 *kotitalousliike*.
57) Kaarninen 1995: 73.
58) Kaarninen 1995: 84.
59) Vattula 1989: 24.
60) 원어로는 *susipari*.
61) Kartovaara 1999.
62) 원어로는 *lehtolapsi*.
63) Hatland 2001: 123.
64) Takala 1993: 588.
65) Pulma 1987: 229.
66) Jallinoja 1983: 170~171.
67) Takala 1993.
68) Kartovaara 1999.
69) Hatland 2001: 124.
70) Jallinoja 1997: 98~99.
71) *Suomen väestö* 1994: 321.
72) Paajanen 2003.
73) 원어로는 *uusperhe*.
74) Jaakkola & Säntti 2000: 15,
75) Jaakkola & Säntti 2000: 17,
76) Keurulainen 1998.
77) Ritala-Koskinen 2001.

〈인용문헌〉

Anttonen, Anneli, *Feminismi ja sosiaalipolitiikka. Miten sukupuolesta tehtiin yhteiskuntateoreettinen ja sosiaalipoliittinen avainkäsite*, Tampere: Tampere University Press, 1997.

Auvinen, Riitta(ed), *Sosiaalipalvelu*, Helsinki: Kirjayhtymät(2. painos, 1977).

Borchost, Anette, "The public-private split rearticulated: abolishment of the Danish daddy leave", *Politicising Parenthood in Scandinavia: Gender Relations in Welfare States*, Anne Lise Eliingsæter & Arnlaug Leira(eds), Bristol: The Polity Press, 2006.

Ellingsæter, Ann Lise 1999 "Dual Breadwinners between State and Market", *Restructuring Gender Relations and Employment. The Decline of the Male Breadwinner*, Rosemary Crompton (ed.), Oxford, New York: Oxford University Press.

Esping-Andersen, Gøsta, *Social Foundations of Postindustrial Economics*, Oxford: Oxford University Press, 1999.

Havvio-Mannila, Elina, *Suomalainen nainen ja mies, Asema ja muuttuvat roolit*, Helsinki: WSOY, 1970.

Hatland, Aksel, "Changing family patterns: a challenge to social security", *Nordic Welfare States in the European Context*, Mikko Kautto et al.(eds.), London: Routledge, 2001.

Helén, Ilpo, *Äidin elämän poltiikka, Naisusukupuolisuus, valta ja itsesuhde Suomessa 1880-luvulta 1960-luvulle*, Helsinki: Gaudeamus, 1997.

Jaakkola, Risto & Säntti, Riitta, *Uusperheitten lapset ja vanhemmat, Perheitten rakenne, toiminta ja talous*, Helsinki: Oikeuspoliittinen tutkimuslaitoksen julkaisuja 174, 2000.

Jallinoja, Riitta, *Suomalaisen naisasialiikkeen taistelukaudet: naisasialiike naisten elämäntilanteen muutoksen ja yhteiskunnallis-aatteellisen murroksen heijastajana*, Helsinki: WSOY, 1983.

Jallinoja, Riitta, *Moderni säädyllisyys, Aviosuhtenn vapaudet ja sidokset*, Helsinki: Gaudeamus, 1997.

Julkunen, Irma, *Raittius kansalaisuskontona, Raittiusliike ja järjestäytyminen 1870-luvulta suurlakon jälkeisiin vuosiin*, Helsinki: Suomen Historiallinen Seura, 2. painos, 1988.

Julkunen, Raija, "*Suomalainen sukupuolimalli-1960-luku käänteenä*", *Naisten hyvinvointivaltio*, Anneli Anttonen et al.(eds), Tampere: Vastapaino, 1994.

Kaarninen, Mervi, *Nykyajan tytöt, Koulutus, luokka ja sukupuoli 1920-ja 1930 luvun Suomessa*, Helsinki: Suomen Historiallinen Seura, 1995.

Kartovaara, Leena, "Perhe", *Suomen Vuosisata*, Helsinki: Tilastokeskus, 1999.

Kinnunen, Merja, "Naiset ja miehet vaestotilastoissa", *Työelämän sukupuolistavat käytännöt*, Merja Kinnunen & Päivi Korvajarvi(eds), Tampere: Vastapaino, 1996.

Lammi-Taskula, Johanna, "Nordic men on parental leave: can the welfare state change gender relations?", *Politicising Parenthood in Scandinavia: Gender Relations in Welfare States*, Anne Lise Ellingsæter & Arnlaug Leira(eds), Bristol: The Polity Press, 2006.

Lapset sosiaalipalvelut, STAKES, http://varttua.stakes.fi/FI/
Varhaiskasvatuspalvelut/tilastoja/lapset_paivahoidossa/1997-2005.htm,
2005.

Lastentarhanopettajanliitto, *Lapsilla oikeus korkeatasoiseen
varhaiskasvatukseen*, 2007.

Leira, Arnlaug, "Parenthood change and policy reform in Scandinavia,
1970s-2000s", *Politicising Parenthood in Scandinavia: Gender
Relations in Welfare States*, Anne Lise Ellingsæter & Arnlaug Leira(eds),
Bristol: The Polity Press, 2006.

Leppänen, Arja, "Eipäs syytetä", Helsingin Sanomat, 19. toukokuuta
1999(1999.05.19), internet: http://www.sanomat.fi, 1999.

Lindberg, Marjut & Repo, Päivi, *"Vanhempainlomalla olevien esikoisia
entistä enemmän päivähoidossa"*, *Helsingin Sanomat* 31. maaliskuuta
1999(99.03.31), internet: http://www.sanomat.fi, 1999.

Millar, Jane & Warman, Andrea, *Family Obligations in Europe*, Family
Policy Studies Centre, 1996.

Ministry of Social Affairs and Health, *Early Childhood Education and Care
in Finland*, Brochures of the Ministry of Social Affairs and Health, 2004:
14.

Mölsä Jouni, "Eduskunnassa vaadittiin parannusta perheen asemaan",
Helsingin Sanomat 25. syyskuuta 1998(98.09.25), internet: http://
www.sanomat.fi, 1999.

Nordic Statistical Yearbook 2005, Nordic Council of Ministers,
Copenhagen.

Paajanen, Pirjo, *Perhebarometri 2003, Parisuhde koetuksella, Käsityksiä
parisuhteesta ja sen purkautumisesta*, Väestöntutkimuslaitos E17/2003,
Helsinki: Väestöliitto, 2003.

Peräläinen, Antero, "Yhteiskunnan tuki lapsiperheille. Perheavustusten esivaiheet", *Perheen puolesta 1941-1991*, Väestoliitto(eds), Helsinki: Otava, 1991.

Pulma, Panu, "Kerjuuluvasta perhekuntoutukseen. Lapsuuden yhteiskunnallistuminen ja lastensuojelun kehitys Suomessa", Panu Pulma & Oiva Turpeinen, *Suomen lastensuojelun historia*, Helsinki: Lastensuojelun Keskusliitto, 1987.

Rantalaiho, Liisa, "Contextualizing gender", *Gendered Practices in Working Life*, Liisa Rantalaiho & Tuula Heiskanen(eds), Basingstoke: Macmillan, 1997.

Rauhala, Pirkko-Liisa, *Miten sosiaalipalvelut ovat tulleet osaksi suomalaista sosiaaliturvaa?*, Tampere: Acta Universitatis Tamperensis ser A vol 477, Tampereen yliopisto, 1996.

Ritala-Koskinen, Aino, *Mikä on lapsen perhe? Tulkintoja lasten uusperhesuhteista*, Väestöntutkimuslaitoksen julkaisusarja D 38/2001, Helsinki: Väestöliitto, 2001.

Sainsbury, Diane, "Introduction", *Gender and Welfare State Regimes*, Diane Sainsbury(ed), Oxford: Oxford University Press, 1999a.

Sainsbury, Diane, "Gender and Social Democratic Welfare States", *Gender and Welfare State Regimes*, Diane Sainsbury(ed), Oxford: Oxford University Press, 1999b.

Salmi, Minna, "Parental choice and the passion for equality in Finland", *Politicising Parenthood in Scandinavia: Gender Relations in Welfare States*, Anne Lise Ellingsæter & Arnlaug Leira(eds), Bristol: The Polity Press, 2006.

Silius, Harriet, "Sukupuolitetun ammattillisuuden julkisuus ja yksityisyys", *Naiset yksityisen ja julkisen rajalla*, Leena Eräsaari et al (eds), Tampere: Vastapaino, 1995.

Sipilä, Jorma et al, "A multitude of universal, public services—How and why

did four Scandinavian countries get their social care service model?",
Social Care Services : The Key to the Scandinavian Welfare Model,
Jorma Sipilä(ed), Aldershot: Ashgate, 1997.

STAKES(Sosiaali-ja terveysalan tutkimus-ja kehittämiskeskus), *Meille tulee vauva*, 25. painos, Helsinki, 2006.

Takala, Pentti, "Kohti postmodernia perhettä -perhepolitiikan muuttuvat käsitykset", *Sosiaalipolitiikka 2017. Näkökulmia suomalaisen yhteiskunnan kehitykseen ja tulevaisuuteen*, Olavi Riihinen(ed), Helsinki: WSOY, 1993.

Taipale, Vappu ct al.(eds), Sosiaali-ja terveydenhuollon perusteet, Helsinki: Sairaanhoitajien koulutussäätiö, 1996.

Tilastokeskuksen kuntien toimintatilasto/Sotka, http://varttua.stakes.fi

Turpeinen, Oiva, "Lastensuojelu ja väestönkehitys. Lastensuojelun lääkinnöllinen ja sosiaalinen kehitys Suomessa", *Suomen lastensuojelun historia*, Panu Pulma & Oiva Turpeinen, Helsinki: Lastensuojelun Keskusliitto, 1987.

Vattula, Kaarina, "Lähtöviivallako? Naisten ammatissatoimivuudesta, tilastoista ja kotitaloudesta", *Tuntematon työlaisnainen*, Leena Laine & Pirjo Markkola(eds), Tampere: Vastapaino, 1989.

Vuotilainen, Väinö, "Naisen paikka?", *Suomen Kuvalehti*, 19/1999(99.04.14), p. 74.

Yksityiset sosiaalipalvelut 2005. STAKES, http://www.stakes.fi/FI/tilasot/aiheittain/Sosiaaalipalvelut/ykssospalveluttiedote.htm

오래된 전망대에서 본 탐페레 시가.

사람과 만나고 핀란드와 만난다

아이들의 미소는 우리들의 미래입니다.

세계의 아이들과 연결되고, 어른들과도 연결되어 배려가 생기고, 서로 의지함이 생기고, 그리고 감사함이 생기기를 바랍니다.

한 사람 한 사람의 생애가 평화롭게 살 수 있는 인생이었으면 하는 소망으로 전국사립호이쿠엔연맹 보육국제교류운영위원회는 활동해 왔습니다.

그러나 현실에는 폭력과 무기를 사용하여 문제를 해결해 온 세계의 역사가 있습니다. 인류는 이를 해결해 갈 지혜를 갖고 있지 않은 것일까요?

지구는 하나입니다.

살아 있는 것은 갈등의 연속입니다. 그 갈등을 폭력이 아니라 소통, 곧 대화에 의해 해결하는 힘을 키우는 것이 지구를 존속케 하는 힘이라고 생각하며, 세계로부터 배우고 전하는 활동을 해 왔습니다.

  2005년 3월 23일부터 4월 2일까지, 〈요미우리신문〉에 연재된「교육 르네상스 '핀란드 보고'」(니시지마 토오루(西島徹) 기자)에 실린 OECD가 실시한 PISA 결과를 보고 핀란드가 학력 세계 1위가 된 비결이 취학전 아이들의 육아에 있는 것이 아닐까 하고, 본위원회에서 핀란드 보육 체험연수를 기획했습니다.

  우선 정보 수집을 위해서 대사관 방문부터 했습니다. 2005년 10월경이었습니다. 그다음 2006년 1월에 핀란드교육·사회연구교류회가 주최한「핀란드에서 배우는 교육과 학력 심포지엄」이 개최되는 것을 알고 신청서를 냈는데 그날 밤 담당자 미와 호우코(三輪ほう子) 씨로부터 전화가 왔습니다. 이 심포지엄을 기획 담당한다고 했습니다. 10년만의 재회였습니다. 그녀는 이전 본연맹이 보호자 대상으로 발행해 온『여유로운 통신』의 편집프로덕션의 담당 스태프였습니다. 그리고『핀란드에서 배우는 교육과 학력』(쇼우이 요시노부(庄井良信), 나카지마 히로시(中嶋博), 明石書店, 2005)의 편집을 담당했던 것이 그녀라는 것이었습니다. 이때부터 놀라운 만남이 시작되었던 것입니다.

  핀란드의 취학전 아이 키우기에 대해 말해 줄 수 있는 분을 소개해 주었으면 좋겠다고 미와 씨에게 상담했을 때 핀란드에서 아이를 키운 두 분을 소개해 주었습니다. 타카하시 무츠코 씨와 후지이 니에메라 미도리 씨였습니다.

  타카하시 무츠코 씨가 심포지엄 발표자로 참가할 수 있다는 말을 미와 씨에게 전해 듣자마자 나는 그가 10년 전 핀란드 탐페레 시에서 개

최된 국제사회복지학회에서 핀란드의 사회보장 체제에 대해 강의를 해 주셨던 분일지 모른다고 생각을 했습니다. 평소 사람들의 이름을 잘 기억하지 못하는 내가 타카하시 씨 이름을 기억했던 것에 놀라며 그분을 만나기를 고대했습니다. 심포지엄 발표자로서 등단한 타카하시 씨를 봤을 때 틀림없다고 확신이 들었습니다. 회의가 끝난 뒤 말을 걸자 타카하시 씨도 기억하고 있었습니다. 꽤 많이 감동했습니다.

타카하시 씨의 강의 여담에서 언급한 두 아이들의 육아가 인상적이었습니다. 한 명은 핀란드에서 한 명은 일본에서 길렀는데, 두 아이의 개성의 차이도 있겠지만 어머니로서 육아 의식이 환경에 따라 변화하는 것에 흥미를 느꼈습니다.

이때의 재회를 계기로 2006년 6월 타카하시 씨는 본연맹 전국대회에서 육아르네상스운동(본연맹 가맹 호이쿠엔이 전국적으로 전개하고 있는 운동)의 분과회에서 강연을 해 주셨고 핀란드의 육아 환경은 관계자들 사이에서 조용한 관심사가 되었습니다.

미와 씨로부터 소개받은 또 한 분, 후지이 니에메라 미도리 씨는 2006년 5월부터 본연맹 기관지『보육통신』「핀란드의 보육과 교육에서 배우자」란을 연재하고「임신·출산·0세편」에서 시작하여「5세편」까지 6회에 걸쳐 집필해 주셨습니다. "당신의 아이의 탄생을 우리 사회가 기다리고 있습니다"라는 말을 건네받은 것 같았다는 말이 인상적이었습니다. 오늘날 일본에서는 이 점이 다릅니다. 또한 남편 페트리 씨가 "3주간의 유급 육아휴가를 얻을 수 있어서 출산에 같이 참여하고 출산 후의 집의 준비나 가사 등 여러 가지로 도움이 되었다"고 아버지의 휴가 보장에 대해 썼습니다.

핵가족이 진행되고 있는 오늘날 일본 사회에서는 시간적으로도 의식적으로도 남편의 역할을 다할 환경이 아닌 것이 아쉽습니다. 일찍이 일본의 육아 문화에는 '토코아게'라는 풍습이 있었습니다. 출산 직후 산욕기 3주간은 가사는 주위에서 맡아 주고 아이에게만 온 신경을 쏟을 시간이 보장되며, 산후 우울증을 줄이고 산모의 몸을 회복시키는 데에 큰 역할을 했습니다.

타카하시 씨, 후지이 씨 두 분 가족과의 만남은 우리 연맹 관계자로서는 행복한 일이었습니다.

전국의 보육 현장에 있는 여러분에게 핀란드의 보육과 교육 현장을 실제로 접하고 생활 문화를 마음으로 느끼고 이해하여 자산이 되기를 바라는 마음으로 기획된 「핀란드 보육 체험연수」는 대사관 방문, 전국대회 분과회에서의 발표, 기관지에 연재를 거쳐 2006년 10월에 출발을 했습니다. 참가한 24명은 각자 귀중한 체험과 배움을 안고 돌아왔습니다.

핀란드는 '아이의 성장'을 재산으로 삼고, 사회 전체에서 보장할 수 있도록 노력해 왔습니다. 1990년대부터 구축된 교육 프로그램과 육아 시스템의 중심에 있던 사람이 올리페카 헤이노넨(Olli-Pekka Heinonen) 전 교육부장관입니다. 그에게는 교육철학이 있었습니다(NHK-BS 특집 『미래에 대한 제언』 올리페카 헤이노넨 「핀란드 학력 세계 제일의 비밀」 2007년 2월 12일 방송).

헤이노넨 장관은 "우리들은 학교를 위해서가 아니라 삶을 위해서 배웁니다. 평생 '배우는' 것입니다. '마음의 통찰력'이 중요합니다"고 했습니다.

나아가 "다른 사람을 위협하려고 존재하는 것이 아닙니다"는 말에 깊은 인간애를 느꼈습니다.

분명 평화의 근본은 '사람이 위협의 존재가 아니다'라는 것을 믿는 것입니다. 인류에게 평화로운 사회의 실현은 갈등과 싸움에 관해서 끈기 있는 대화에 의한 의사소통 능력의 형성에 달려 있는 것일지 모릅니다.

지금 세상은 변화 속도가 빠릅니다. 계속해서 달릴 수 있는 사람과 그렇지 못한 사람에게 격차가 생깁니다. 많은 사람들이 무거운 짐을 지고, 정신적으로 힘들어 합니다. 아이들에게 지금 어른다운 모델이 없는 것도 사실입니다. 목표가 없는 것입니다. 때문에 언제까지나 방황하는 젊은이가 많게 됩니다. 삶의 페이스를 늦추고, 풀과 꽃을 사랑하고, 보다 깊이 생각하고, 통찰력, 상상력을 잃지 않으면 미래는 있을 겁니다.

핀란드에는 생명이 싹틀 때부터 한 사람 한 사람의 차이를 이해하고 사람을 존중하는 실천이 사회 전체적으로 있습니다.

지식이 아니라 생각하기 위한 공부가 존재하는 핀란드 교육이 어떤 것인지를 마음의 통찰력으로 우리들은 배우고 싶은 것입니다.

전국사립호이쿠엔연맹에서는 아이의 성장, 가정의 육아력, 그리고 육아의 환경을 부활시키는 「육아르네상스운동」을 2005년부터 2007년까지 전개해 왔습니다. 우리들의 작은 힘으로 세계를 변혁할 수는 없겠지만 조금이라도 아이들에게 희망이 있는 미래 사회를 만들고 싶은 바람으로 운동을 하고 있습니다.

이 운동의 일환으로 보육국제교류운영위원회에서는 배움의 장을 세계로 넓히고, 핀란드로부터 보육과 교육을 배우고 전하는 실천을 여러 형태로 해 왔습니다. 그 집대성으로서 이 책『핀란드에서 배우는 행복한 아이 키우기』가 출판된 것은 참으로 행운입니다.

핀란드를 배울 기회를 넓혀 준 미와 호우코 씨에게 마음 깊이 감사를 드립니다. 이 책의 집필을 맡아 주신 여러분, 책을 만드는 데 심혈을 기울여 준 여러분, 그리고 이 책을 손에 넣고 끝까지 읽어 주신 독자 여러분에게 감사의 마음을 가득 보냅니다.

핀란드를 주제로 처음부터 관계하고 그 책무를 맡아 주신 히시카와 히로아키 씨, 유리아 씨, 수고 많으셨습니다. 또한 항상 솜씨 좋고 유쾌하게 일을 추진해 주신 사무국의 코모리 미사(古森美沙) 씨가 힘써 주지 않았다면 현지 체험연수도, 이 책의 출판도 실현될 수 없었습니다. 마음 깊이 감사드립니다.

2007년 6월

(사)전국사립호이쿠엔연맹 보육국제교류운영위원회 전위원장

카와조에 타카오(川副孝夫)

(사) 전국사립호이쿠엔연맹

　사단법인 전국사립호이쿠엔연맹은 전국의 사립 인가 호이쿠엔이 영유아의 행복과 건강한 성장을 희망하여 결성한 단체입니다. 1955년에 도쿄, 나고야, 교토의 호이쿠엔 원장을 중심으로 시작하여 1958년에는 전국사립호이쿠엔연맹으로 결성했습니다. 그 뒤 1969년 사단법인의 인가를 얻어 오늘에 이르고 있습니다.

　각 지역에서의 보육 요구나 보육을 둘러싼 여러 상황을 파악하고 그를 위한 제도나 운영 방식, 보육 내용을 충실화하기 위해 다음과 같은 활동을 하고 있습니다.

> 1. 예산 대책·보육제도 향상에 관한 사업
> 2. 연수사업
> 3. 조사·연구사업
> 4. 복리후생사업
> 5. 홍보 출판사업(기관지『보육통신』발행)

　본연맹은 아이들의 건강한 성장을 바라는 것과 함께 다양화의 시대를 사는 보호자를 지원하고 아동복지 발전을 위해 전국 호이쿠엔이 연대 협력하고 있습니다.

연락처
(사)전국사립호이쿠엔연맹
〒111-0051 東京都台東区蔵前 4-11-10 全国保育会館
TEL 03-3865-3880
FAX 03-3865-3879
http://www.zenshihoren.or.jp/

보육국제교류운영위원회

사단법인 전국사립호이쿠엔연맹의 국제교류 활동은 1966년 파리 세계유아교육기구(OMEP) 대회 참가에서 시작했습니다. 그 뒤 유럽과 아시아 여러 나라에 시찰단 파견을 거쳐 1990년에 보육 국제화와 국제성이 풍부한 보육 시스템 연구개발, 세계 보육 관계자들과의 상호 교류를 실시하는 기관으로 보육국제교류운영위원회가 설치되었습니다.

당위원회의 주된 활동 내용은 다음과 같습니다.

1. 세계 보육과 육아 정보를 수집·발신한다.
2. 보육 현장에서 다문화 이해·아이의 생명과 평화를 지키기 위한 계발 활동을 수행한다.

1의 활동으로는 해외 시찰연수·해외 보육 체험연수를 거의 매년 기획 운영하고, 보육자가 해외 보육을 배움과 동시에 현지 보육 관계자에게 일본 보육의 발신을 행하고 있습니다. 또한 연수 속에서 보육자 자신의 감성을 닦고, 스스로 보육에 대한 자각을 얻고 있습니다. 기타 국제기관인 OMEP와의 연대, 보육 관계자의 해외 파견과 해외로부터의 초빙을 수행하고 있습니다.

2의 활동으로는 보육 현장에서의 외국 국적 아동의 수용에 관한 실천이나 국제교류 활동 실천의 정보 제공 및 정보 교환 세미나를 실시하고 있습니다. 또한 회원 호이쿠엔에 대해 국제교류 활동의 설문 조사를 수행하고 있습니다.

보육국제교류운영위원회 해외연수활동 일람표

연도	활동명칭 / 주제·목적
1967	유럽 보육상황 시찰1 스웨덴, 덴마크, 독일, 이탈리아, 스위스, 영국
1968	유럽 보육상황 시찰2 독일, 오스트리아, 이탈리아, 스위스, 프랑스, 벨기에, 네딜란드, 영국
1969	유럽 보육상황 시찰3 이탈리아, 오스트리아, 스위스, 독일, 벨기에, 네딜란드, 덴마크, 영국
1990	북유럽 3개국 시찰 연수 북유럽 보육을 배운다 (덴마크, 노르웨이, 스웨덴)
1991	유럽 시찰 연수 영국, 벨기에의 보육
1992	스웨덴 실습연수 보육실습
1993	뉴질랜드 시찰 연수 다양한 보육형태와 부모교육
1994	미국의 환경과 유아교육 YMCA 웰네스 워크숍과 유아교육 시찰1
1995	웰네스 워크숍과 미국 아이보육 시찰 연수 미국
1996	덴마크 보육실습과 시찰 연수 덴마크의 보육
1997	캐나다 육아 지원 시찰 연수 캐나다 육아 지원
1998	독일 시찰 연수1 다양한 유아교육 방법 (뮌헨)
1999	독일 시찰 연수2 다양한 유아교육 방법 (프랑크푸르트)
1999	오스트리아 시찰 연수 다양한 보육형태의 시설 견학과 다문화 체험
2000	독일 시찰 연수3 서로 다른 연령반 보육 실천 (뒤셀도르프)
2002	스웨덴 보육 체험연수 아이의 힘을 신뢰하는 보육에서 배운다
2003	뉴욕의 보육 세션 주체적으로 세계를 배우면 내가 변한다, 보육이 변한다 (미국)
2004	뉴질랜드 연수 뉴질랜드 보육과 육아 지원에서 배운다
2006	핀란드 보육 체험연수 아이의 생명력—의욕이 자라는 보육 현장의 실천을 찾아서

〈집필자 소개〉(집필순)

후지이 니에메라 미도리

1976년생. 교육학석사. 핀란드 탐페레 시에서 가족과 살고 있다. 2002년 치바대학 대학원 교육학연구과 석사과정 수료. 대학원에서는 핀란드에서 재외육아를 수행한 일본인 여성이 직면하는 문제에 대해 필드워크를 중심으로 하는 연구에 매달렸다. 현재 탐페레 시 모국어교육 교원(일본어담당), 헬싱키 일본어보습교 강사, 교육시찰 코디네이터, 가이드. 공저에『フィンランドに学ぶ教育と学力』(明石書店, 2005).
midori@sci.fi

페트리 니에메라

1965년 핀란드 출생. 독일 게팅겐 대학과 치바대 유학. 언어문화론 전공. 1999년 치바대학 대학원 박사과정 수료. 2001년 이후 일핀사전 프로젝트 담당. 주저로「フィンランド語の公用語に至るまでの歴史的な発展について」(『フィンランドテーブル』, 社団法人日本フィンランド協会, 2005)『日本語フィンランド語の基本語辞典5000語』(フィンランドセンター, 2005). 공저로『フィンランドに学ぶ教育と学力』(明石書店, 2005).
petrimn@dnainternet.net

모리 마리

도요에이와(東洋英和) 여자학원대학 인간과학부 준교수. 도요에이와 여자학원대학 보육과 졸업 후, 일본과 미국에서 유치원 근무. 그 뒤 뉴욕시립 헌터 칼리지에서 심리학학사를 한 뒤 컬럼비아대학 교육대학원에서 유아교육학 문학석사, 교육학석사, 1999년 컬럼비아대 교육대학원에서 교육학박사 취득. 전공은 유아교육에서의 다문화교육·보육, 보육자론. 공역으로『子どもたちの100の言葉—レッジョ・エミリアの幼児教育』(世織書房, 2001), 공저로『これだけは知っておきたい保育者のマナー』(チャイルド本社, 2006)『世界の多様な英語 1: The Bridges of English Language Across the World』(松柏社, 2007) 그 외 다수

유리아 (미즈노 유코)

헤키난 호이쿠엔 원장. 1991년 아이들과 실제로 실천할 수 있는 환경교육과정을 작성. 8년에 걸친 재활용 수익금을 바탕으로 스리랑카에 보육소를 설립. 어릴 때부터 현대무용을 계속해서 최근에는「하늘과 땅의 에너지를 통해, 장(공간)의 치유」를 주제로 국내외 장소를 가리지 않고 창작 활동을 하고 있다. 현재, 어머니, 장애자, 직원을 대상으로 한 바디워크 전개 중. 저서로『空からの落し物』(中央アート出版, 2001).

시마무라 카즈히로

1982년생. 사이타마 하모니 호이쿠엔 부원장. 아이들과의 관계 속에서 중시하는 것은 「아이들의 마음의 소리에 귀 기울이는 것」. 모토는 '웃는 얼굴, 감사, 배려'.

코바야시 준코

도쿄도 미나토구 미츠바치 호이쿠엔의 늙은 신참 원장. 도심에서 오아시스와 같은 환경을 살리는 진흙놀이나 여러 가지 촉감놀이에 흥겨워하고 있는 아이들의 미소를 좋아함. 육아에 한창인 젊은 부모들과 육아에 대해 서로 이야기하는 교류회를 열어 힘을 얻고 있다.

모리시타 유키요

1969년생. 주임보육사. 2007년부터 이쿠와시라사기가쿠인 이마바야시엔(育和白鷺学園 今林園)에 근무. 전에 근무했던 호이쿠엔보다 원아수가 3분의 1정도여서 핀란드에서 본 '느긋하게 한 사람 한 사람을 면밀하게 대하는 보육'을 명심하여 매일 보육에 매달리고 있다. 2007년부터 보육 방침이 바뀌어 보육사도 당황했지만 아이들과 함께 우리 보육사도 성장해 가려고 모두 노력하고 있다.

오키야마 미도리

도쿄 키쿄 호이쿠엔 근무. 유아담당 주임. 키쿄 호이쿠엔에서 원장과 십몇 년 전에 스웨덴 보육을 보고, 배우고 온 것을 살려 아이가 주체적으로 놀고 생활하는 보육의 실적을 계속 쌓아 가고 있다. 이번에 핀란드 보육을 본 것에서 자신들이 하고 있는 보육의 점검과 재인식을 할 수 있었다. 호이쿠엔 출판물로 다음이 있다. 『きょうの異年齢保育』(新読書社, 2006).

사쿠라 아사미

1976년생. 히로시마 현 사쿠라 호이쿠엔 부원장. 적극적인 사고를 하는 두 아이의 엄마. 큰 고민 없이 매일 밝게 호이쿠엔 생활을 즐기고 있다. 언젠가 두 딸아이를 데리고, 다시 핀란드로 오로라를 보러 갈 수 있으면 하고 꿈꾸고 있다.

쿠도 아유미

1980년 아오모리 현 출생. 쿠로이시(黒石) 시 호쿠세이카이(北清会) 로쿠고 호이쿠엔에서 보육사로 근무. 자연으로 둘러싸인 호이쿠엔에서 매일매일 아이들과 함께 기쁜 마음으로 체험을 하면서 멋진 보육사를 목표로 즐겁게 지내고 있다.

코우노 사치코

1979년생. 요코하마 시 오오츠나 호이쿠엔 보육사. 핀란드에서 느낀 느긋한 시간에 감동하고, 서두르지 않고 급하지 않으려고 항상 마음에 새기고, 아이들과 있는 시간을 소중히 여기고 있다. 핀란드의 분위기가 마음에 들어 밤에는 초를 켜거나, 북유럽의 잡화가 있는 가게를 찾으러 발길을 옮기고 있다.

히시카와 히로아키

스웨덴의 지기를 의지하여 대형 여객선으로 헬싱키를 찾은 것은 15년 전. 요코하마 시 오오츠나 호이쿠엔, 오오츠나모리 호이쿠엔 원장으로 200명이 넘는 아이들을 대하면서, 50명의 직원과 한 마음으로 독특한 보육에 마음을 다하고 있다. (사) 전국사립호이쿠엔연맹에서는 보육국제교류운영위원회 회원이다. 요코하마 시에서는 2007년부터 차세대육성지원 행동계획추진협의회 위원을 맡고 있다. 여건이 좋지 않은 요코하마 시 육아 지원과 보육행정에 흑선내습(黑船來襲)의 충격을 어떻게 줄 수 있을까 고민한다. 공저에 『家族援助論─新現代家族の創造と共育』(小田豊・森眞理 編著, 光生館, 2003).

타카하시 무츠코

키비국제대학 대학원 사회복지학연구과 교수(복지정책론). 핀란드 주재 일본국 대사관 근무, 탐페레대학 박사 취득. 시네마현립대학 교수 등을 거침. 역서로 『情報社会と福祉国家フィンランドモデル』(카스텔 & 히마넨 저, ミネルヴァ書房, 2005), 공저로 『フィンランドに学ふ教育と学力』(明石書店, 2005), 『世界の幼児教育改革と学力』(明石書店, 2007) 등. 핀란드인 남편과 두 아이들과 함께 일본과 핀란드를 오가고 있다. mutsuko@kiui.ac.jp

카와조에 타카오

1948년생. 치바 현 이치카와 시 사회복지법인 이즈미노엔(泉の園) 카제노타니(風の谷) 호이쿠엔 원장, 이치카와가족지원센터 사업부장. 지원하는 사람도 지원 받는 사람도 한 사람 한 사람이 자기 안에 있는 '온화함'을 만나러 가는 자세가 이치카와 시 육아 환경을 개선시킨다고 믿고 있다. 1973년 사카에 호이쿠엔과 만나, '나 이외의 사람은 모두 스승'임을 아이들에게 느끼고, 현재에 이르고 있다. (사) 전국사립호이쿠엔연맹에서 18년간 맡아 일했던 보육국제교류운영위원회 위원을 2007년 6월로 퇴임.

행복한 아이 키우기, 멀지만 가까운 길

일본 나고야 대학에서 공부할 때 아이를 호이쿠엔에 보냈다. 아이를 매일 아침 일찍 호이쿠엔에 데려다주고 저녁에 데려왔다. 걱정과 달리 아이는 낯선 환경임에도 친절한 선생님들과 같은 반 친구들의 배려로 쉽게 적응했다. 아이는 날마다 낮에 있었던 즐거운 일들을 들려주었다.

호이쿠엔에서의 아이의 하루생활은 자연친화적인 교육활동을 중심으로 이루어졌다. 호이쿠엔 뒤뜰에 심은 고구마를 캐어 앞마당에 빙 둘러앉아 구워 먹고, 직접 딴 채소나 뽑은 무로 다양한 요리도 직접 만들어 먹기도 했다. 호이쿠엔 선생님들의 열성적인 보살핌 또한 인상적이었다. 겨울에도 선생님들은 아이들과 같이 맨발로 넓은 뜰에서 공놀이를 하거나 철봉 활동을 도와주었다. 긴줄넘기를 즐기는 아이들을 위해 힘든 내색 없이 오래도록 긴줄을 돌려주었고 크리스마스나 그 밖의 어린이를 위한 행사 때에는 선생님들이 직접 준비한 공연을 보여 주었다. 아이는 겨울을 보내면서 발등이 텄지만 어느 샌가 능숙하게 철봉에 거꾸로 매달려 놀았다.

평소 핀란드 교육에 관심이 있던 차에 아이의 호이쿠엔 생활을 지켜보면서 자연스럽게 핀란드의 육아와 보육 문화가 궁금해졌다. 이 책을 읽게 된 계기였다.

이 책 첫머리에서 일본인 후지이 씨가 핀란드에서 직접 겪은 출산과 육아, 취학전 교육의 경험을 소개하고 있다. 보건상담소 네우볼라를 통한 검진이나 여러 보육 형태, 그리고 프리스쿨에 해당하는 에시코울루에서의 교육 등 모든 아이들을 위한 보육 서비스에 철저한 핀란드의 육아와 보육 정책을 알 수 있다. 아이를 키우기 힘들어 출산을 꺼리는 우리 사회와 비교하면 정말 부러운 환경이다.

또한 다문화 가정 아이들의 언어적, 문화적 정체성을 찾도록 돕기 위해 탐페레 시가 제공하는 20개 국 이상의 모국어 수업은 동화(同化)주의적 다문화교육을 극복하려는 한 사례로 국내 거주 외국인이 1백만 명을 넘어선 우리 현실에서 시사하는 바가 크다.

일본의 보육교사들이 패이배코티에서의 핀란드 아이들의 일상을 아침부터 귀가 때까지 각자의 눈으로 그려 낸 보육 현장의 이야기는 흥미롭다. 노래로 시작하는 아침, 하루 두 번 실시되는 가장 큰 일과인 바깥 놀이, 낮잠 시간과 실내에서 나타나는 아이들의 독특한 관계 방식 등등.

호이쿠엔 교사들은 차분한 교사와 경청하는 아이들의 모습을 한결같이 지적하고 있는데, '모든 훌륭한 교육은 진지한 듣기에서 시작된다'고 믿는 역자들은 이것이 핀란드 교육의 근간 중 하나라고 생각한다.

빛과 소리의 자극을 교육적으로 적절하게 통제하는 패이배코티의 생활 디자인, 아이들의 주체적인 자각을 촉진하는 보육 교사의 자세, 시간이 지나면 반드시 할 수 있다는 마음 자세가 아이들의 차분함과 집중력을 기른다는 히시카와 원장의 통찰은 '빨리빨리'와 '경제적 효율성'을 외치며 아이들 각자의 개성을 살리는 데 소홀한 우리 교육을 되돌아보게 된다.

핀란드 육아 지원 시스템의 변화 과정을 역사적으로 설명한 마지막 글은 조금 무거운 감이 있지만, '복지'가 사회적 중심 화두로 떠오르고 있는 요즘 우리의 미래상을 제대로 그리기 위해 한번은 짚고 넘어가야 할 논의이다.

이처럼 다양한 각도에서 핀란드의 육아와 보육을 입체적으로 바라볼 수 있게 해 준다는 것이 이 책이 갖는 커다란 장점이다. 우리는 경쟁이 아닌 평등 속에서 협력하며 배우는 핀란드 교육의 의의를 잘 알고 있다. 핀란드 교육의 탁월함이 단지 사회민주주의 체제에서 비롯된 것이 아니라 육아와 보육, 취학전 교육에 의해 체계적으로 뒷받침되고 있다는 것을 이 책은 잘 보여 준다.

지금까지 국내에는 핀란드 교육이 주로 초, 중등교육 중심으로 소개되었다. 그러나 이 책은 핀란드의 보육과 육아 정책, 문화, 취학전 교육을 소개하고 있다는 점에서 저출산 문제와 함께 양질의 취학전 교육을 고민하는 우리 유아교육의 현실에서 참고할 하나의 거울이다.

행복한 아이 키우기가 저 멀리 떨어져 있는 것은 아니다. 핀란드에서 보듯 아이들이 스스로 성숙할 때까지 부모와 사회가 느긋하게 기다려 주고 지원하는 것이야말로 가장 빠르고 바른 길이다.

우리 아이들이 행복하게 자랄 수 있는 환경을 만드는 데 이 책이 조금이라도 보탬이 되길 바란다.

역자를 대표해서

박찬영 씀

핀란드에서 배우는 행복한 아이 키우기

첫판 1쇄 펴낸날 2011년 3월 7일

지은이 | 후지이 니에메라 미도리 외
옮긴이 | 박찬영, 김영희
펴낸이 | 박성규
펴낸곳 | 도서출판 아침이슬
등록 | 1999년 1월 9일(제10-1699호)
주소 | 서울 은평구 신사동 25-6(122-080)
전화 | 02) 332-6106
팩스 | 02) 322-1740
이메일 | 21cmdew@hanmail.net

ISBN 978-6429-115-3 03370

책값은 뒤표지에 있습니다.